LES SAUCES

Louise Dansereau

Les sauces

Des *origines* à *votre* table

**QUÉBEC
LOISIRS**

Infographie : Cyclone Design Communications

UNE ÉDITION DU CLUB QUÉBEC LOISIRS INC.
© Avec l'autorisation des Éditions du Trécarré, 2003

Imprimé au Canada

Dépôt légal - Bibliothèque nationale du Québec, 2003
ISBN 2-89430-579-6

Table des Matières

Introduction

D ans les livres de cuisine conçus pour les professionnels de
l'art culinaire, près de 300 recettes de sauces sont listées.
Allemande, espagnole, mousseline ou vinaigrette, à la russe, à
l'italienne, douce ou épicée, les sauces offrent une gamme de
couleurs, de textures et de saveurs permettant de varier les menus
à l'infini. Dans toutes les cuisines du monde, elles représentent
l'accompagnement indispensable des viandes, volailles, poissons,
pâtes et légumes. De plus, les sauces ajoutent un je-ne-sais-quoi
aux desserts qui les rend des plus appétissants !

Ce petit guide vous propose une promenade gourmande au
royaume des sauces. Nous verrons comment à travers l'histoire
elles se sont transformées et adaptées à tous les menus et
pourquoi elles restent toujours importantes dans la préparation
d'un mets. Grâce à l'ingénuité de quelques grands chefs, plus
précisément entre les XVIIe et XIXe siècles, les sauces ont connu
une envolée remarquable et sont devenues essentielles dans l'art
de bien manger. En prenant place au premier rang des grandes
spécialités culinaires, elles ont aussi contribué à donner ses
lettres de noblesse à la gastronomie, née au cours du XIXe siècle.
Sur les tables des rois, dans les cuisines familiales ou de
restaurant, elles ont délecté et continuent encore de régaler les
plus fins gourmets.

Aujourd'hui, nous les connaissons divisées en deux grandes
familles, les sauces chaudes et les sauces froides. Les premières
servent à accompagner en général viandes, volailles, gibiers et
poissons ainsi que les pâtes et les légumes cuits. Les secondes,
mayonnaises et vinaigrettes, relèvent le goût des salades et
crudités, accompagnant aussi bien les frites que les crustacés
froids. À l'intérieur de ces familles, les sauces se scindent de
nouveau en deux catégories : les blanches et les brunes.

Au sommet de la pyramide des sauces blanches, ou de ce que les grands cuisiniers nomment les « sauces mères », nous trouvons la béchamel et le velouté. Pour les sauces brunes, ce sont la sauce espagnole, la demi-glace et la sauce tomate. Dans l'une et l'autre de ces catégories, en ajoutant un ou plusieurs ingrédients à la recette de base de la sauce mère, on obtient une sauce dérivée. Par exemple, ajoutez du fromage, de la crème et des œufs battus à une béchamel et vous obtiendrez une sauce Mornay ; de la moelle et de l'échalote à une sauce espagnole pour savourer une sauce bordelaise. Un peu comme le principe de la poupée gigogne, les sauces se multiplient ainsi au hasard d'ingrédients et de saveurs.

Il existe aussi des sauces que l'on appelle « émulsionnées » et qui s'intègrent aussi dans l'une ou l'autre des grandes catégories des sauces chaudes ou froides. Les sauces hollandaise et béarnaise sont, dans la catégorie des sauces chaudes émulsionnées, les sauces dites mères. Ces sauces suivent elles aussi le grand principe des autres : incorporez de la crème fraîche à une sauce hollandaise et ce mélange vous donnera une sauce onctueuse appelée mousseline ; du beurre blanc et de la purée de tomates à une sauce béarnaise et vous apprécierez certainement la sauce Choron qui nappera une pièce de viande grillée. Pour les sauces émulsionnées froides, la mayonnaise est la sauce mère et peut se décliner en une multitude de saveurs lorsqu'on y ajoute de l'ail, de la moutarde ou des cornichons. On pense alors à la sauce rémoulade, à l'aïoli et à la sauce tartare. Il en va de même pour les vinaigrettes.

Le secret des sauces réside pour beaucoup dans leur préparation. Quelques-unes demandent passablement d'adresse et de temps, d'autres se préparent en un tournemain. Quelle que soit la recette, il s'agit, pour bien réussir une sauce, de toujours disposer d'ingrédients frais et de qualité. La sauce doit aussi contenir des composants qui se marieront à la perfection avec la saveur dominante du mets cuisiné. C'est pourquoi certaines sauces se servent avec un mets en particulier. Par exemple, nous dégustons souvent des poireaux en vinaigrette, du poulet mayonnaise ou du canard à la sauce à l'orange. C'est ce qu'il est convenu d'appeler en cuisine des associations classiques.

LES SAUCES

Au fil des pages, nous aborderons les principes culinaires de base qui régissent la préparation des sauces. Herbes et épices, crèmes et fromages, bouillons, vins et alcools, tous ces éléments peuvent créer un chef-d'œuvre de gastronomie quand ils sont bien utilisés. Et si, aujourd'hui, la plupart des sauces se composent d'ingrédients préparés à l'avance – bouillon en conserve ou en sachet, sauce style ketchup, sauce soja, etc. –, elles peuvent aussi être cuisinées à la mode des grands chefs et adaptées aux saveurs de chez nous. Un volet de ce petit guide est consacré à une courte définition culinaire des composants élémentaires des sauces pour mieux vous y retrouver, à une description des ingrédients les plus utilisés et aux techniques de liaison qui feront de vos sauces une réussite. Puis nous vous proposons des recettes qui sauront vous ravir : sauces pour viandes, volailles et pâtes, sauces au chocolat ou aux fruits pour les desserts, mayonnaises pour les salades et poissons, vinaigrettes et trempettes pour les légumes. Vous y trouverez à foison des recettes à vos goûts pour tous vos menus.

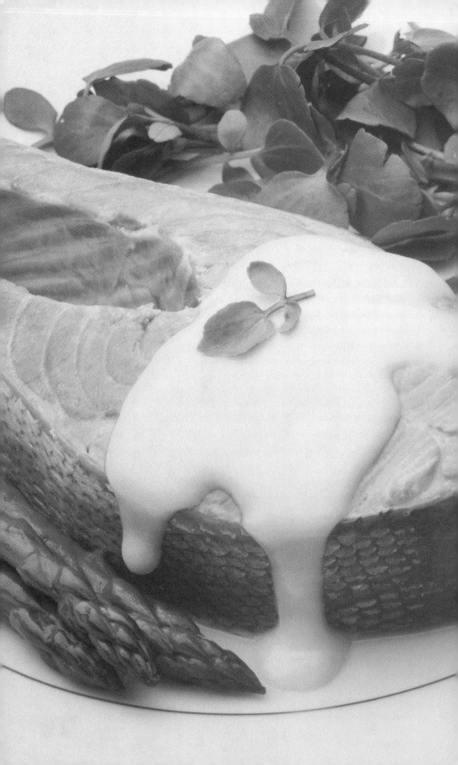

Petite histoire
des sauces

Depuis l'Antiquité, les sauces servent à améliorer en saveurs et en couleurs les mets les plus ordinaires comme les plus raffinés. C'est donc tout naturellement qu'au rythme des siècles les sauces ont évolué à mesure que se sont développés la gastronomie et le savoir-faire culinaire.

Plusieurs archives témoignent de la pratique d'une cuisine organisée et érudite chez les civilisations de l'Antiquité. Le commerce de denrées de luxe telles que l'huile d'olive, les épices et les aromates d'Orient et d'Afrique y permettait déjà le développement d'une certaine forme de gastronomie. Chez les Grecs, on associait le bien-manger avec les produits de la mer. Des poissons de tous genres étaient consommés avec gourmandise, crus ou pochés, en sauce – eh oui, déjà! – ou farcis. Immense richesse pour tous, la mer offrait aussi dans la pêche de certaines espèces rares des mets de roi qui étaient servis avec des sauces couleur d'azur ou d'or. Des recettes compilées et brillamment commentées par un Grec du nom d'Archestrate, gourmet et grand voyageur contemporain de Périclès, indiquent clairement cette préférence. Les Romains appréciaient eux aussi les poissons mais se régalaient également de bons vins et de viandes, en particulier d'agneau et de cochon de lait. Festins et banquets, symboles d'opulence et de pouvoir, ont amené sur les tables des mets aussi divers que les langues de flamants roses, la confiture de violettes, le potage aux huîtres ou le poulet en sauce blanche.

Au Ier siècle après J.-C., un cuisinier nommé Apicius est devenu célèbre pour avoir réuni en recueil les recettes les plus aimées des notables romains. Ce recueil, *L'Art de cuisiner*, aussi appelé les *Dix livres de la cuisine*, est resté, jusque tard au Moyen Âge, le

livre de référence culinaire le plus utilisé. Diététicien avant la lettre, Apicius était aussi reconnu comme un spécialiste de la sauce aux truffes et avait, paraît-il, un doigté incomparable pour monter une mayonnaise. Il utilisait aussi des œufs pour lier ses sauces, notamment des blancs d'œufs battus pour la sauce blanche qu'adorait l'empereur Héliagabale.

Les recettes de *L'Art de cuisiner* ont donné aux historiens et aux gastronomes de précieuses indications sur les habitudes alimentaires de cette époque et notamment sur un condiment de base de la cuisine antique : le *garum*. Grecs et Romains avaient chacun leur façon de le préparer, mais la recette de base consistait à en faire une mixture très salée et concentrée qui devait servir à aromatiser la plupart des recettes. Le *garum* résultait, en gros, d'un mélange d'intestins et de parures de poissons macérés dans le sel et les herbes mentholées jusqu'à putréfaction. On l'ajoutait en petite quantité à la plupart des sauces qui accompagnaient légumes et salades, poissons et fruits de mer, ou on le consommait nature, pour rehausser un mets, comme on fait aujourd'hui du sel et du poivre. Le *garum* se vendait à prix d'or quand le mélange se composait de viscères de poissons luxueux. Apicius le considérait comme aphrodisiaque lorsqu'il était apprêté avec des épices fortes.

Riche en huile d'olive, miel, épices, poissons et fruits de mer, la cuisine romaine présentait cependant peu de plats en sauce. Parce que les Romains mangeaient couchés sur des lits, leur nourriture se devait d'être apprêtée de façon qu'on puisse la consommer de manière pratique. C'est d'ailleurs pourquoi presque toutes les viandes et tous les poissons se consommaient en purée ou en croquettes. Les sauces, elles, étaient composées d'herbes et d'épices broyées allongées au *garum* ou au vin et adoucies au miel : poivre, menthe, sarriette, persil étaient les ingrédients les plus utilisés pour des sauces préparées à part et servies à la manière d'un condiment. Une autre particularité de cette cuisine montre que les viandes rouges étaient peu prisées, comme d'ailleurs les sauces à base de jus de viande. Les cuisiniers romains avaient l'habitude de faire bouillir les pièces de viande avant de les griller. Ce procédé faisait se dissoudre les sucs de la viande dans l'eau de cuisson. Il ne restait donc rien au fond du récipient pour réaliser une sauce soit par déglaçage ou par un autre procédé.

Il fallut attendre au Moyen Âge, entre les Ve et VIIe siècles, pour voir apparaître les premières recettes de sauces à base de jus de viande. Très inspirée de la tradition romaine, la cuisine médiévale a mis longtemps avant d'atteindre son apogée, mais elle a su, malgré tout, marquer la gastronomie d'un savoir-faire très particulier. Tout comme les Romains, les gens du Moyen Âge se sont beaucoup penchés sur les besoins du corps humain pour préparer leurs aliments. C'est pourquoi la combinaison salé/sucré – le *garum* était toujours mêlé au miel dans l'Antiquité – est restée longtemps la base de toutes les recettes, car le salé comme le sucré facilitaient, pensait-on alors, la digestion.

Par mesure d'hygiène et pour éliminer les éléments trop gras de la viande, on a continué à faire bouillir viandes et volailles avant de les embrocher pour les rôtir sur des braises. Au Moyen Âge, les cuisiniers ont créé de nombreuses marinades – faites avec du vin, des herbes aromatiques et du miel – pour mieux conserver la viande et la sucrer avant de la cuire. Le jus de ces viandes, récolté durant la cuisson, servait dans la composition de sauces d'accompagnement. On recueillait le suc du jus de viande par la technique du déglaçage, au vinaigre le plus souvent, ou au vin, puis on agrémentait ces « saulces » de fruits acides et d'épices. À l'instar de la cuisine antique, qui faisait grand emploi d'épices et d'aromates, les cuisiniers médiévaux ont perpétué cet usage, particulièrement au XIIe siècle à cause des croisés qui les rapportaient en abondance de Terre sainte. Gingembre, cannelle et coriandre, muscade, poivre notamment, alternaient fréquemment dans les recettes de sauces.

Autour de 1375, Guillaume Tirel, dit Taillevent, à la demande de son roi, Charles V, publiera un ouvrage, le *Viandier*, dans lequel se note une progression importante dans l'art d'apprêter la nourriture. Ce livre de cuisine, majeur dans l'histoire de la gastronomie, détaille les aliments les plus utilisés et les techniques culinaires pratiquées au XIVe siècle. Des méthodes de cuisson aux façons de servir aux tables des rois, l'apprenti cuisinier et même les grands chefs ont trouvé matière à apprendre dans le *Viandier*. Ce livre est essentiel pour connaître

les différentes sauces employées alors autant pour mijoter un plat que pour l'accompagner. L'auteur y a consacré de nombreuses pages, expliquant avec science leur composition et leur préparation. Les ingrédients acides, comme le verjus – un mélange composé de jus de raisin vert et d'oseille assaisonné de fines herbes –, le vinaigre de vin et le citron y sont dominants. De ces mélanges aigres-doux résultaient des sauces qui possédaient leurs noms. Taillevent était un spécialiste de la dodine, une sauce préparée avec des sucs de cuisson de volaille – d'où son nom, provenant de « dodu » – auxquels il ajoutait du verjus, du vin ou du lait. Cette sauce, tout comme la poivrade (à base de poivre et de vin) et la Robert (vin blanc, vinaigre et moutarde), est encore aux menus des grands chefs. Outre les sauces composées au verjus, il y est mention aussi d'une sauce appelée « cameline », faite de gingembre, de girofle, de poivre, de cannelle, de vinaigre, et qui était aussi un élément de base de la cuisine médiévale. Au besoin, les sauces pouvaient s'épaissir avec de la mie de pain non levée. Si quelquefois les recettes requéraient l'utilisation de lait, d'œuf ou de fromage, en revanche aucune matière grasse comme le beurre n'entrait dans la composition des sauces médiévales.

Jusqu'au milieu du XVe siècle, l'art des sauces est encore naissant. À peine une trentaine de recettes exclusives de sauces est dans les usages culinaires et seulement pour rehausser les repas et banquets des nantis.

La fin du Moyen Âge apportera cependant une ère de changement. Du début du XVIe siècle et pendant plus d'un siècle, la prospérité économique changera la structure de la société du temps. Tout comme les aristocrates, les nouveaux bourgeois sauront apprécier les plaisirs de la table. Grâce à eux, l'engouement pour l'art culinaire a repris, ce qui a entraîné la gastronomie dans une autre période de transformation.

Depuis la Renaissance en effet, l'Europe a connu un essor exceptionnel dans tous les domaines. Explorations et découvertes scientifiques ont contribué à changer les habitudes alimentaires du vieux continent. Des Amériques et d'Orient provenaient désormais le chocolat, la vanille et le café, qui a vu ses premiers adeptes se réunir dans des établissements spécialisés pour mieux le déguster. Pommes de terre, haricots, maïs et tomates, pour ne

nommer que quelques aliments, sont venus s'ajouter à l'alimentation quotidienne. Le miel, longtemps apparu essentiel dans la cuisine antique et médiévale, est remplacé, en cette fin du XVIIᵉ siècle, par le sucre des Antilles. Il était d'ailleurs l'ingrédient indispensable aux sauces et les viandes en étaient saupoudrées avant d'être cuites.

Cette révolution alimentaire entraînera de grandes mutations dans la pratique de l'art culinaire aussi bien que dans la littérature gastronomique. Autour de 1651, un cuisinier natif de Dijon, connu sous le pseudonyme de La Varenne, publiera un livre de cuisine d'une grande rigueur intitulé *Le Cuisinier français*. Les recettes et les conseils donnés dans cet ouvrage ont assurément démontré que les bases d'un savoir-faire culinaire s'établissaient. Dans les cuisines des notables du temps, on savait désormais mijoter des sauces irrésistibles en utilisant les fonds et les roux, la mirepoix (mélange de jambon, carotte, céleri, oignon, épices), la duxelle (champignons et oignon en dés revenus au beurre), et la farine pour les lier. Ces sauces, appelées « grandes sauces », étaient les favorites du roi Louis XV et elles ont constitué les bases d'un art culinaire qui allait se développer avec raffinement et technique au long des siècles à venir.

Les jus de viande et les coulis entraient dans plusieurs recettes et on savait procéder à la cuisson prolongée d'une sauce pour la réduire, donc lui donner une texture moins liquide. Ces nouvelles façons de cuisiner les sauces se sont ajoutées au déglaçage, déjà en vigueur dans les usages culinaires médiévaux.

Entre les XVIIIᵉ et XIXᵉ siècles, l'art culinaire connaîtra une envolée spectaculaire. Les méthodes de travail se perfectionneront et la variété de plus en plus grande des aliments permettra d'élargir les répertoires culinaires. Les cuisiniers deviendront de véritables artistes et l'art d'apprêter les sauces transformera à jamais les plaisirs de la table.

On doit ce profond bouleversement à Marie-Antoine Carême, dit Antonin Carême, qui est né à Paris en 1784. Abandonné jeune par sa famille, il fait ses débuts en cuisine dans de petits bistrots pour gagner sa vie. À 16 ans, comme il est doué et travailleur, il est remarqué par le grand Bailly et entrera comme apprenti dans les cuisines de ce très célèbre pâtissier traiteur.

C'est ainsi qu'a commencé une formidable carrière qui l'a mené à travailler dans les meilleures cuisines d'Europe, en particulier à Paris chez Talleyrand, en Angleterre chez George IV, et chez le tsar de Russie, Alexandre Ier. Carême a inventé le vol-au-vent et la meringue mais, au-delà de son génie culinaire, ce sont ses talents littéraires qui en ont fait le premier réformateur de la cuisine française.

Quelques mois avant sa mort, en 1833, il publiera un dernier ouvrage, *L'Art de la cuisine française au XIXe*, bible culinaire en cinq volumes dans laquelle la préparation des sauces est véritablement devenue un art à part entière. Dans cet ouvrage, il a classifié les sauces pour mieux les utiliser et les adapter selon leur couleur et leur texture, qu'elles soient chaudes ou froides. Quatre sauces mères, ou grandes sauces, formaient la base de sa cuisine : l'espagnole, le velouté, l'allemande et la béchamel. Choisissant et dosant méticuleusement des ingrédients, il a créé ce qu'il a appelé des « petites sauces », soit des apprêts savoureux épousant à la perfection la saveur dominante d'un plat. Voyons ce qu'il en dit dans son traité :

« Ce qui constitue la succulence des petites sauces en général, c'est la précision avec laquelle nous marquons leur assaisonnement car si quelques aromates ou épiceries qui les composent se font trop sentir, aussitôt un palais exercé s'en aperçoit, et la science du cuisinier disparaît. »

Une soixantaine de sauces naîtront de son génie culinaire et la plupart d'entre elles font encore partie de nos menus. Carême a utilisé pour composer ses meilleures sauces des truffes, du jambon et des champignons, des vins blancs et rouges, des portos et d'autres alcools, des fumets et des fonds, des jus d'agrumes, et finalement certaines épices, dont il n'a jamais suggéré le surdosage comme la coutume le voulait depuis le Moyen Âge. C'est sous sa baguette que les sauces ont commencé à être mijotées avec des ingrédients que l'on filtrait après cuisson et que l'on jetait ensuite – comme la mirepoix, les huîtres, les truffes – pour subtilement en parfumer le goût et obtenir un produit fini éminemment raffiné. Il prenait toujours soin de préparer ses grandes sauces en faisant cuire à feu doux le mélange beurre/farine, garant d'une liaison des plus lisses, puis travaillait

habituellement ses petites sauces au bain-marie. On doit à ce grand maître queux la véritable naissance des sauces et du coup celle de la cuisine moderne, par opposition aux connaissances culinaires qui avaient cours jusque-là.

Dès la fin du XIXe siècle, la fine cuisine possède désormais des assises solides. La gastronomie offrait alors à la créativité des cuisiniers de nouveaux champs d'exploration.

Au début du XXe siècle, c'est au tour d'Auguste Escoffier de parer la liste des grands réformateurs de la fine cuisine. Par des méthodes de travail plus souples, mieux adaptées aux produits et aux usages de son époque, le créateur de la « pêche Melba » est venu bouleverser, dans ses traités culinaires, la classification des sauces préconisée par Carême. L'abus d'ingrédients de liaison avait entraîné les sauces dans une foulée irréversible de changement, car elles avaient perdu leurs saveurs délicates au détriment d'une lourdeur parfois indigeste. Escoffier a remplacé par des fumets, des concentrés et des jus naturels les sauces espagnole et allemande, qu'il jugeait trop lourdes pour composer d'autres sauces, délaissant ainsi certains ingrédients gras, peu indiqués pour une cuisine allégée et d'avant-garde. Escoffier a également internationalisé l'art des sauces en intégrant à la cuisine française en particulier des sauces d'origine anglaise, comme la sauce Cumberland.

Durant les conflits mondiaux, la gastronomie prendra une autre voie, celle de la cuisine régionale. En France particulièrement, plusieurs spécialités inspirées de traditions très anciennes verront le jour et s'afficheront aux menus les plus célèbres. Les sauces emboîteront le pas dans cette nouvelle façon de faire et agrémenteront « à la normande » (à base de crème fraîche), « à la dijonnaise » (à base de moutarde) ou « à la provençale » (à base de tomates et de basilic) les plats d'une cuisine généreuse.

La nouvelle cuisine, née entre les années 1960 et 1970, profitera des excès de la cuisine régionale pour proposer aux gourmets des recettes dites légères, aux portions minimalistes. Avec moins de sauces au menu, cette cuisine orientée davantage vers les ingrédients du marché, légumes et fruits participera à une vaste prise de conscience des bienfaits de manger sainement. Cette cuisine santé sera à la mode pour une période assez courte, car ses plats, trop parcimonieux, éloigneront les gastronomes.

Tous les grands chefs qui ont fait des sauces une de leurs spécialités n'ont pas manqué d'imagination pour les nommer. Les sauces ont pour la plupart vu le jour dans un siècle fécond de grande cuisine, le XVIIIe. Elles sont appelées matelote, oursinade ou marinière (pour les parfums de la mer), gribiche ou ravigote (pour relever les salades), chasseur ou diable (pour déguster les volailles), royale ou Richelieu! La dénomination d'une sauce doit révéler au gourmet sa composition de base. Par exemple, une sauce est appelée «financière» parce qu'elle contient entre autres des ingrédients riches comme du jambon maigre, des truffes et du vin de Madère. Ou encore, si la sauce s'enrichit des condiments typiques d'une région, elle devient avec de l'ail: l'aïoli; de l'échalote: bordelaise; du vin: bourguignonne, etc. Les sauces ont aussi porté le nom de leurs créateurs, telles les sauces Mornay, Choron ou Foyot, ou ont été souvent baptisées après des victoires militaires célèbres: par exemple, la sauce «mahonnaise» – ou mayonnaise –, nommée ainsi en 1756 pour marquer la victoire française à Port-Mahon, dans les Baléares.

Aujourd'hui encore, les sauces n'en finissent pas d'être adaptées pour convenir à tous les mets. Elles font partie d'une cuisine d'ailleurs et d'ici qui allie la création culinaire à la tradition pour un plaisir de bien manger toujours à renouveler!

LES SAUCES

*L*es sauces *dans* la gastronomie **québécoise**

L es premiers colons français, en venant en Nouvelle-France, ont apporté avec eux leurs habitudes alimentaires. Même si le territoire foisonnait de gibiers de tous poils, l'ordinaire de ces paysans ressemblait à ce qu'ils avaient connu dans leur patrie d'origine : des céréales et des viandes en bouilli, du poisson, quelques légumes comme le chou et l'oignon, et des aliments typiques du pays qu'ils ont appris à connaître en côtoyant les Amérindiens : le maïs mangé à même l'épi, le topinambour, le concombre et la citrouille.

Les premiers gouverneurs de la colonie, issus de la noblesse, avaient bien l'intention, eux aussi, de conserver leurs habitudes alimentaires, plus raffinées, il va sans dire, que celles des colons. Pour perpétuer l'art culinaire français malgré l'éloignement, des cuisiniers professionnels et quelques sommeliers ont tôt débarqué dans la jeune colonie, apportant avec eux un éventail de produits introuvables en Nouvelle-France, comme l'huile d'olive, le verjus, le sucre et quelques agrumes. À l'époque de Champlain, la fine cuisine coloniale, très inspirée par les écrits de La Varenne (*Le Cuisinier français*) et de Bonnefons (valet de Louis XIV et auteur de deux livres de cuisine révolutionnaires), s'est faite surtout à partir de produits importés. Puis, à mesure que la colonie acquérait une certaine autosuffisance, cette cuisine s'est ouverte à l'intégration d'aliments nouveaux, certains très prisés

par les Amérindiens, d'autres dont la rareté suffisait à les rendre délectables. Ainsi, la langue de bison et l'huile d'ours (que l'on obtenait d'une espèce venue du Nord) sont devenues des denrées de luxe au même titre que les asperges et le chou-fleur.

Les cuisiniers venus de Paris apprendront à composer avec art et goût une cuisine créatrice typique de la Nouvelle-France. La panoplie d'épices, toujours à la mode depuis le Moyen Âge dans les recettes françaises, disparaîtra graduellement et on n'en gardera que la cannelle, la muscade et le girofle, trois épices convenant mieux à la cuisine du nouveau pays. De même, les herbes privilégiées pour aromatiser sauces et ragoûts seront celles cultivées avant tout par les Amérindiens, soit le thym, le laurier, le cerfeuil, le persil et la marjolaine. Au rayon des poissons, l'anguille, par son abondance, viendra au premier rang des plats les plus cuisinés : on la préférait cuite à l'étuvée, car c'est ainsi qu'elle donnait les meilleures sauces. L'achigan, l'esturgeon, le doré et tous les poissons à chair blanche étaient aussi très appréciés. Pochés au court-bouillon ou grillés, ils étaient servis avec des sauces aux câpres ou aux anchois, deux condiments extrêmement populaires en Nouvelle-France. Le gibier, petit et gros, aura bien entendu une place importance dans l'alimentation quotidienne. L'élite l'apprêtait avec les sauces classiques comme la poivrade ou la Robert (pour le chevreuil ou l'orignal), ou encore avec des sauces aux fruits sauvages comme les groseilles, les bleuets (que les Français appelaient myrtilles) et les atocas ou canneberges. On cuisinait le petit gibier plutôt en ragoût ou en civet : avec le sang du lièvre ou du lapin, on liait la sauce qui accompagnait le plat.

Au XVIIIᵉ siècle, la gastronomie en Nouvelle-France est bien implantée. On aime faire bonne chère et on ne s'en prive pas, une habitude qui ne se démentira pas, même après 1763, alors que les Britanniques deviendront les nouveaux maîtres : il sera alors à la mode de manger « à la française ».

Pourtant, la tradition anglaise ne tardera pas à imprégner la cuisine de Nouvelle-France. Les Anglais, qui consommaient beaucoup plus de viande que les Français, peu de poisson et peu de légumes, apporteront d'autres habitudes culinaires. Les pièces de viande (bœuf, agneau, mouton) étaient toujours marinées avant d'être passées à la cuisson, et servies avec des sauces à base de cornichons (*pickles*) ou de câpres. Plutôt considérées comme des accompagnements que comme des sauces, ces garnitures connues sous les noms anglais de *relish* et *ketchup* sont restées très populaires sur nos tables.

On utilisera beaucoup les jus des viandes pour préparer les sauces, car ils avaient déjà ce goût aigre-doux donné par la marinade. Ces sauces, appelées *gravy*, conservaient les parfums du Moyen Âge et restaient les favorites des Britanniques. D'autres sauces cuisinées sur le même principe, c'est-à-dire en récoltant le jus d'une viande, se transformeront en potages et deviendront repas. La recette en était assez simple et rappelle les bonnes soupes de nos grands-mères, consistantes et savoureuses : un morceau de bœuf était mis en casserole avec de l'eau, des herbes et des légumes. On faisait mijoter le tout puis on retirait la viande, que l'on réservait. On ajoutait au bouillon des céréales, comme de l'orge ou du riz, et on servait cette soupe accompagnée de la viande et d'une sauce très épicée que l'on tirait du bouillon. Quoique frugale, cette recette d'origine écossaise deviendra rapidement un grand classique dans les tavernes de Montréal et de Québec.

Au début du XIXe siècle, l'influence anglaise est encore plus palpable dans les recettes avec l'utilisation courante d'épices venues des Indes comme le safran, la coriandre, le piment de Cayenne et le mélange appelé *curry*. On utilisait moins de vin pour cuisiner, mais plutôt des alcools comme le porto, le madère et le xérès, et les Britanniques raffolaient, pour manger avec les poissons, de sauces à base de fruits de mer. Les huîtres, venues

en quantité des provinces maritimes, ainsi que les crevettes et les homards seront très souvent utilisés dans la cuisine et quelquefois transformés en beurres pour tartiner les sandwichs à l'heure du thé.

Du milieu et jusqu'à la fin du XIXe siècle, des livres de cuisine, écrits et parus au Canada, feront école et marqueront la naissance de la cuisine dite canadienne. *La Cuisinière canadienne*, puis plus tard *La Nouvelle Cuisinière canadienne*, destinés au grand public, à la différence des ouvrages culinaires français dédiés à l'élite, deviendront les bibles de toutes les ménagères. On y trouvait quelques mets typiques de la cuisine bourgeoise française (pour les sauces), des recettes traditionnelles anglaises, mais surtout, et c'est ce qui a créé la nouveauté, des recettes d'influence américaine. Plus frugale et plus simple – on remplacera dans les sauces les bouillons par l'eau et le roux par de la farine grillée –, cette cuisine conviendra davantage aux habitudes alimentaires populaires en vigueur depuis le début du siècle. Ragoûts, civets, soupe à la queue de bœuf, macaronis à la sauce tomate ou au fromage deviendront de grands classiques de la cuisine canadienne. Seuls les restaurants garderont l'influence française et afficheront au menu des plats luxueux comme les cuisses de grenouille frites, les escargots à la provençale, etc.

Dès ses débuts, la gastronomie au Québec a suivi évidemment les transformations qu'a connues, en France, la cuisine devenue moderne avec les livres d'Antonin Carême. Les sauces, prioritaires dans la fine cuisine française, se sont très bien adaptées aux ingrédients disponibles en Nouvelle-France au XVIe siècle. Aujourd'hui encore, on trouve bon nombre de ces grandes sauces dans nos livres de cuisine. Puis les influences de la cuisine anglaise ont garni nos tables d'apprêts plus simples qui persistent dans nos habitudes alimentaires courantes. L'automne venu, l'odeur alléchante des ketchups et marinades mijotant sur les cuisinières font aussi partie de notre patrimoine culinaire.

Les sauces ont donc une histoire intimement liée à celle de la gastronomie. Leur préparation demande un savoir-faire qui a pris, au fil des siècles, une importance très grande en cuisine, ce qui a donné lieu au développement d'un vocabulaire spécialisé. Nous verrons dans le prochain volet une partie de ce lexique afin de mieux comprendre la composition d'une sauce et de ses saveurs.

$\mathcal{Q}$uelques
définitions

Qu'est-ce qu'une sauce ?

Curnonvsky, écrivain et gastronome français, affirmait que les sauces sont la « parure et l'honneur de la cuisine française ». De par leur variété et le nombre infini de leurs parfums, les sauces en effet se hissent au premier rang des spécialités culinaires en France comme dans tous les autres pays du monde.

Dans la cuisine dite classique, les sauces font appel à divers ingrédients de base qui les composent et les distinguent. Qu'est-ce qu'un fond ? un fumet ? un roux ? un beurre manié ? Quelle est la différence entre une sauce béchamel et une sauce hollandaise ? Quels sont les épices et autres ingrédients les plus utilisés ? Comment lie-t-on une sauce ? Vous trouverez des réponses à ces questions dans ce volet sur le lexique qui vous permettra de mieux suivre certaines recettes et par la suite de développer les vôtres, à la mode des grands chefs !

Les bases liquides des sauces

Les sauces s'emploient pour ajouter une touche finale à un mets. Leur mission première est de s'harmoniser parfaitement avec la saveur dominante de ce mets. Elles sont liquides ou denses, salées ou sucrées et se préparent à part ou servent à la cuisson d'un plat comme dans un ragoût ou une gibelotte. Les sauces contiennent des ingrédients apparents ou non, et accompagnent des plats chauds ou froids.

Dans les sauces de base les plus couramment cuisinées, les sauces au jus de viande sont les plus populaires et les plus simples à faire. Elles sont obtenues par déglaçage, c'est-à-dire en ajoutant un ingrédient liquide – eau, bouillon, vin, ou vinaigre – aux sucs caramélisés d'une viande qui vient d'être grillée en poêle ou rôtie

au four. Ces sauces sont en général d'un goût très prononcé et accompagnent les viandes rouges et les gibiers. Pour les varier, il est possible de les rehausser avec des liqueurs, du concentré de tomates, des jus d'agrumes ou de fruits sauvages (groseille, etc.)

Les fonds, les fumets et les courts-bouillons

Ils font partie de la grande famille des liquides ou bouillons qui entrent dans la composition des sauces chaudes et qui se préparent à part. Ils sont les éléments essentiels des sauces mères et servent souvent à compléter les sauces dérivées.

Un fond est un bouillon concentré fait à partir de morceaux d'os encore garnis d'un peu de viande, d'eau et de légumes coupés en dés, que l'on assaisonne d'herbes et d'épices. Selon leur usage et leur couleur, les fonds se divisent en deux catégories : les fonds blancs et les fonds bruns.

Les fonds blancs sont généralement faits à partir de carcasses, d'abats et de chair de volaille, mais ils peuvent aussi être préparés avec des os concassés de veau ou d'agneau blanchis auxquels on ajoute poireaux, carottes, céleris et oignons. Ils sont aromatisés aux bouquets garnis et ensuite mijotés sur feu doux, suffisamment longtemps pour obtenir un liquide goûteux et concentré. Ces fonds blancs constituent la base de la plupart des sauces blanches.

Les fonds bruns sont préparés à partir d'os en morceaux qui ont été au préalable colorés au four puis mis en chaudron avec eau, légumes et assaisonnements. En général, les fonds bruns sont faits avec du veau, du bœuf ou du gibier.

Dans cette même catégorie, nous pouvons ranger le fond de poisson, plus précisément appelé en cuisine « fumet » et qui est préparé selon le même principe, c'est-à-dire arêtes et parures de poisson, eau, légumes et assaisonnements, auxquels on ajoute quelquefois du vin blanc et du jus de citron.

Dans un procédé plus rapide et ne contenant que des légumes, le court-bouillon est mijoté avec des poireaux, des carottes, des oignons ou des échalotes assaisonnés d'un bouquet garni et cuits dans de l'eau et du vin blanc. Le court-bouillon s'utilise surtout

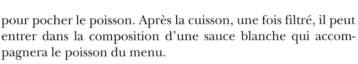

pour pocher le poisson. Après la cuisson, une fois filtré, il peut entrer dans la composition d'une sauce blanche qui accompagnera le poisson du menu.

Les fonds bruns qui sont réduits au maximum deviennent des glaces ou sorte de jus si concentré qu'il rappelle un sirop et dont on se sert habituellement pour corser le goût d'une sauce. Parce que le procédé est fort long (les fonds sont réduits une première fois, passés au chinois, puis réduits de nouveau et filtrés une seconde fois), les glaces sont de moins en moins utilisées. Dans un premier temps de réduction, le fond devient d'abord une demiglace et c'est sous cette forme que plusieurs recettes la préfèrent.

Les liaisons

Lier une sauce est un procédé qui s'obtient de différentes façons. Le plus connu consiste en un mélange de beurre et de farine cuit sur feu doux et que l'on appelle un roux. Comme les fonds, les roux servent de base à presque tous les types de sauces. C'est une préparation rapide qui donne trois résultats, selon le temps de cuisson.

Le roux blanc, fait avec une quantité égale de beurre et de farine, demande une cuisson minimum de trois à quatre minutes, en fait la durée nécessaire sur feu doux pour faire mousser le mélange. Le roux blanc sert à toute préparation de sauce blanche.

Le roux blond, lui aussi fait avec une même quantité de beurre et de farine, prend une couleur plus prononcée cinq à six minutes après avoir été brassé sur feu doux. Il sert de base à la plupart des veloutés.

Le roux brun quant à lui, pour atteindre sa couleur, demande une cuisson de sept à huit minutes d'une quantité égale de beurre et de farine.

Les liaisons aux fécules – farine de blé, farine de riz, fécule de maïs, entre autres, et tout autre produit contenant de l'amidon (pommes de terre, tapioca, etc.) – sont aussi très utilisées. Il suffit de prendre une quantité de la fécule choisie, de la dissoudre dans une eau bouillante et de l'incorporer à la sauce tout en remuant.

Enfin, les liaisons au gras s'utilisent pour les sauces plus riches. Le beurre manié – un beurre délié à la fourchette auquel on ajoute un soupçon de farine – donne un résultat instantané. La crème entre elle aussi dans cette catégorie. Elle s'ajoute à la dernière minute à une sauce chaude et lui donne une consistance veloutée. La crème épaisse – la crème 35 % – est particulièrement utilisée pour épaissir les sauces qui demandent une cuisson lente. La crème plus légère – la crème 15 % – ne s'utilise pas dans la préparation des sauces chaudes. Faible en gras, elle se sépare quand elle est versée dans un mélange chaud. Il est préférable de la faire chauffer jusqu'à ébullition avant de l'utiliser dans une recette de sauce chaude. En revanche, telle quelle, elle fait des merveilles dans les vinaigrettes, tout comme la crème sure.

Dans le cas des sauces émulsionnées, chaudes ou froides, la liaison se fait généralement lorsque l'on ajoute un troisième élément à un mélange de base composé d'ingrédients qui ne sont pas au préalable compatibles.

La sauce hollandaise est la sauce mère des sauces émulsionnées chaudes et se prépare à partir de jaunes d'œufs incorporés au fouet à un peu d'eau et de vinaigre. L'émulsifiant ou dans cet exemple les jaunes d'œufs viennent donner une texture au mélange de base eau/vinaigre, qui sans cela ne resterait pas uniforme. De même pour les vinaigrettes (sauces émulsionnées froides), qui demandent un troisième ingrédient pour que se marient l'huile et le vinaigre. Les mayonnaises, aussi des sauces émulsionnées froides, sont faites à partir d'un jaune d'œuf mêlé à de la moutarde, auxquels on incorpore en filet de l'huile puis du jus de citron.

Les composants des sauces

Si les sauces proposent autant de variétés en goûts, en couleurs et en textures, on le doit par contre à peu d'ingrédients. Elles peuvent être savoureuses et se préparer en un tournemain avec des ingrédients dont on dispose à la maison couramment. C'est ce qui fait tout le charme des sauces !

En matière d'ingrédients de base, nous verrons ici les principaux et les plus populaires, que ce soit les herbes, les épices, ou les huiles et autres éléments de base qui composent les sauces, pour vous aider à faire les meilleures combinaisons possibles.

Les herbes sont utilisées de préférence fraîches pour donner un goût délicat à la sauce. On peut aussi les acheter séchées, mais alors on réduit de moitié la quantité demandée par la recette. L'ail frais, que l'on prend toujours soin de dégermer pour qu'il soit plus digeste, vient en tête de liste, suivi par l'aneth, le basilic, la ciboulette, l'estragon, le laurier, la marjolaine, la menthe, le persil, le raifort, le romarin, la sauge et le thym, qui sont les plus populaires dans la plupart des recettes.

Les épices ajoutent une touche piquante ou exotique à une sauce. On utilise ainsi la coriandre, la muscade, le paprika, le piment rouge et vert, le poivre noir et blanc, moulus ou en grains, le piment de Cayenne et le safran dans de nombreuses recettes. La cannelle et la vanille parfument à merveille les sauces desserts.

Les condiments sont utilisés pour caractériser une sauce, c'est-à-dire la transformer de manière qu'elle devienne un complément idéal. Ainsi, les olives dénoyautées noires et vertes, les olives farcies, les cornichons sucrés, les câpres entrent souvent dans la composition des vinaigrettes et mayonnaises. Dans les sauces/condiments déjà préparées, on trouve la sauce soya (chinoise ou japonaise), la sauce tabasco et le ketchup, qui peuvent s'ajouter à certaines recettes. La moutarde entre aussi dans cette catégorie comme un des condiments les plus utilisés pour les sauces tant chaudes que froides. Il est important ici d'en distinguer certaines pour une meilleure utilisation.

La moutarde de Dijon est un condiment fait à base de graines de moutarde noires et brunes broyées avec du vin blanc et du verjus (moût de raisin vert). Elle a un goût très marqué et est la plus utilisée, surtout pour les vinaigrettes.

La moutarde de Meaux est préparée aussi avec des graines noires et brunes broyées avec du vinaigre. Son goût est moins prononcé que celui de la moutarde de Dijon et on l'utilise notamment dans la confection des sauces à la moutarde.

Enfin, la moutarde sèche ou en poudre est un condiment condensé qui peut se délayer dans de l'eau ou tout autre liquide afin de varier l'intensité du goût. Elle s'utilise aussi pour les vinaigrettes ou les sauces, mais il faut alors en réduire la quantité en tenant compte de sa grande concentration.

Il ne faut pas oublier enfin que les citrons jaune ou vert sont des ingrédients très utilisés dans plusieurs recettes de sauces.

Au chapitre des alcools, on trouve les vins, rouge et blanc, les vins plus sucrés comme le madère, le porto et le xérès, ainsi que la bière, blonde le plus souvent. Les alcools parfument aussi bien les sauces pour les viandes que pour les desserts. C'est d'ailleurs dans les coulis de fruits, les sauces au chocolat ou la crème anglaise qu'ils font des merveilles.

Les produits laitiers entrent pour une grande part dans la composition des sauces, particulièrement les blanches. Les plus utilisés sont le lait, la crème liquide pour épaissir, et le beurre pour rendre une sauce des plus onctueuses. Viennent ensuite le yogourt et le fromage blanc, qui servent surtout à composer des vinaigrettes. Les fromages les plus populaires sont le parmesan, le cheddar et le gruyère.

Quant aux huiles végétales enfin, elles constituent l'élément déterminant pour bien faire ressortir les saveurs des vinaigrettes et des mayonnaises. Elles servent aussi à faire revenir certains ingrédients, comme les oignons, l'ail et des cubes de viande, contenus dans certaines recettes de sauces chaudes. L'huile d'olive, au goût particulier selon son degré de pressage et son pays d'origine, rehausse de façon remarquable les sauces tomates à l'italienne ou à la provençale, bref toutes les sauces, chaudes ou froides, qui proviennent de la Méditerranée. Comme elle est d'un goût très distinctif, on se sert par contre d'une huile au ton plus neutre pour préparer une mayonnaise. Les huiles de tournesol, de maïs ou de soya, entre autres, conviennent parfaitement. L'huile de carthame, sans goût prononcé, devient de plus en plus populaire à cause de ses vertus anticholestérol. L'huile d'arachide et l'huile de sésame servent quant à elles assez souvent dans l'apprêt des vinaigrettes à la mode asiatique.

Dans cette catégorie entrent également les noix et les noisettes, les noix de Grenoble, les noix de pacane, les pistaches et les amandes ainsi que les graines de sésame comme ingrédients les plus utilisés.

Avant de passer au chapitre des recettes, vous trouverez dans les pages suivantes quelques astuces et conseils pour bien préparer les bases des sauces, c'est-à-dire les roux, les fonds et les coulis.

Astuces *et* conseils

Cuisiner les sauces à la manière des grands chefs est facile et agréable. Voici quelques petits conseils pour vous aider dans votre démarche. En utilisant des produits de qualité et frais, vous donnez de grandes chances à vos sauces de devenir de véritables chefs-d'œuvre. De plus, cela permet aux roux et aux fonds, les bases des sauces, de se conserver des jours et, dans certains cas, des mois au réfrigérateur ou au congélateur. Vous pouvez donc les préparer à l'avance et voir à tous les détails de votre menu sans perdre de temps.

La meilleure façon de préparer un roux de façon à mieux le conserver consiste avant tout à faire fondre le beurre et à le clarifier avant d'y ajouter la farine. Sur feu doux, vous déposez la quantité demandée de beurre dans la casserole et le faites fondre lentement. Une fois le beurre devenu liquide, vous enlevez à l'aide d'une cuillère ou d'une écumoire l'écume ou mousse blanche qui apparaît à la surface du beurre fondu. Ceci est valable pour toutes les recettes dans lesquelles entre une quantité de beurre clarifié. L'écume blanche ne doit jamais être utilisée.

Le roux se cuit lentement et vous devez toujours remuer le mélange pendant la cuisson de façon qu'il ne colle pas au fond de la casserole. Lorsqu'il est prêt et de la couleur désirée, vous le réservez pour le refroidir à la température ambiante si vous ne l'utilisez pas immédiatement. Vous pouvez aussi le conserver au réfrigérateur dans un contenant hermétique une à deux semaines.

Les fonds se cuisent lentement et sans jamais être bouillis. Ils doivent aussi être écumés le plus souvent possible au fur et à mesure de la cuisson. Il est important de retirer l'écume qui se forme autour de la casserole et à la surface du bouillon. Le fond se conservera mieux ainsi et sera clair et limpide.

Les fonds peuvent se conserver au réfrigérateur quelques semaines dans un contenant bien fermé à l'abri de l'humidité. Ils peuvent aussi être congelés de trois à quatre semaines. Assurez-vous qu'ils soient bien refroidis avant de les mettre au frigo ou au congélateur.

Certains fonds sortis du réfrigérateur peuvent avoir une couche mince de graisse sur le dessus. Retirez cette surface graisseuse avant de vous servir du fond.

Les sauces brunes ou blanches se conservent au réfrigérateur quelques semaines, mais pas plus de deux. Elles ne se congèlent pas.

Le bouquet garni est souvent utilisé pour parfumer un fond ou une sauce. Il se prépare en général avec une branche de céleri bien nettoyée et coupée en deux au creux de laquelle vous ajoutez des herbes comme du persil, du laurier, du thym et du basilic. Vous déposez sur cette demi-branche l'autre demi-branche de céleri et vous liez le tout avec une ficelle alimentaire. Le céleri est un légume goûteux et de par sa forme il retient bien les herbes sèches. Vous pouvez aussi mettre les herbes sèches ou les épices dans une petite pièce de coton blanc que vous ficelez. Si vous utilisez des herbes fraîches, employez plutôt des feuilles vertes de poireau bien lavées et égouttées entre lesquelles vous enroulez des branches d'herbes fraîches.

Les coulis de tomates entrent dans la composition de plusieurs sauces bien qu'ils puissent aussi être servis nature. Le coulis de tomates cuites peut se conserver au réfrigérateur quelques jours, mais pas plus de quatre. Quant au coulis de tomates crues, vous devez l'utiliser dans la journée même où il est préparé, car il ne se garde pas au réfrigérateur. Préparez-le donc en petite quantité.

Pour bien peler et épépiner les tomates, il faut les plonger dans l'eau bouillante et les retirer dès que la peau commence à plisser légèrement. Les tomates ne doivent pas cuire et il est important, dès qu'elles sont retirées de la casserole, de les passer sous l'eau froide pour les peler à l'aide d'un couteau. Pour enlever les pépins, vous pressez légèrement les tomates coupées en deux.

Les mayonnaises, qui sont des sauces blanches froides émulsionnées, ne se conservent pas longtemps au frigo, pas plus de 24 heures. Si vous préparez une mayonnaise dans la matinée

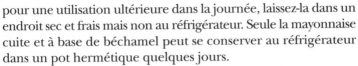

pour une utilisation ultérieure dans la journée, laissez-la dans un endroit sec et frais mais non au réfrigérateur. Seule la mayonnaise cuite et à base de béchamel peut se conserver au réfrigérateur dans un pot hermétique quelques jours.

Utilisez toujours du vin ou des alcools de qualité dans vos recettes. À la cuisson, un alcool de mauvaise qualité peut altérer la saveur de la sauce.

Enfin, au chapitre des ustensiles, si vous ne possédez pas de chinois, cette passoire en forme de cône qui permet de filtrer les bouillons et les fonds, vous pouvez déposer un coton fromage à l'intérieur d'un tamis régulier. Cette technique permet de mieux enlever les ingrédients non nécessaires au fond terminé. Ayez toujours à portée de main un bon fouet en acier inoxydable pour réaliser vos sauces : c'est un instrument indispensable !

Grâce à ces quelques trucs et conseils, vous pouvez maintenant réaliser des sauces exquises en toute simplicité.

Bon appétit !

Les fonds

Les fonds exigent un temps de préparation qui varie de deux à trois heures; ils requièrent aussi une liste d'ingrédients quelquefois coûteux. Les fonds étant de conservation limitée, on préfère souvent au quotidien utiliser les fonds vendus dans les épiceries sous forme de bouillon concentré en boîte ou en cubes. Voici tout de même quelques recettes de base que vous pourrez utiliser pour un repas de fête ou toute autre grande occasion.

À noter: Les recettes de fonds ne contiennent jamais de sel, car les fonds servent à composer d'autres sauces qui elles seront assaisonnées.

FOND BLANC DE VOLAILLE

1 LITRE (4 TASSES)

1	carcasse de poulet (avec les abats)	1
2	carottes, en tronçons	2
2	branches de céleri, en tronçons	2
1	oignon, haché grossièrement (ou entier que vous pouvez piquer de clous de girofle)	1
1	blanc de poireau, haché fin	1
1,5 l	eau	6 tasses
	poivre blanc en grains (et du sel si désiré)	

1. Faire bouillir quelques minutes dans l'eau les os et les abats du poulet dans une grande casserole.

2. Ajouter les autres ingrédients et faire mijoter à feu doux pendant 50 minutes à 1 heure.

3. Une fois le liquide réduit, le passer au chinois ou au tamis fin pour enlever et filtrer les autres ingrédients. Assaisonner de poivre au goût.

Conseils: Si vous ne disposez pas d'herbes en feuille pour le bouquet garni (branches de persil, thym et laurier enroulées dans une feuille de poireau), vous pouvez utiliser les herbes séchées, soit 2 feuilles de laurier, du thym et un soupçon de romarin.

Faites toujours refroidir au plus vite le fond avant de vous en servir.

FOND BLANC DE VEAU

1 LITRE (4 TASSES)

1 kg	os de veau (jarret, épaule), concassés	2 lb 3 oz
2	carottes, en tronçons	2
2	branches de céleri, en tronçons	2
1	oignon blanc	1
1	blanc de poireau	1
1	gousse d'ail (facultatif)	1
1,5 l	eau	6 tasses
	poivre blanc en grains	
1	bouquet garni	1

1. Dans une casserole, faire blanchir les os de veau environ 2 minutes.

2. Rincer et égoutter.

3. Remettre les os dans une casserole et ajouter les autres ingrédients et l'eau. Amener à ébullition.

4. Sur feu doux, faire mijoter pendant 2 heures. Écumer fréquemment la surface.

5. Passer le fond au chinois ou au tamis fin puis le dégraisser une fois refroidi.

Conseil : Vous pouvez laisser l'ail en chemise pour un goût moins prononcé.

> *Avant la fin du XVIIIe siècle, les restaurants n'étaient que des lieux où les convalescents venaient prendre un bouillon fortifiant destiné à les « restaurer ».*

FOND BRUN DE BŒUF OU DE VEAU

1 LITRE (4 TASSES)

1 kg	os de bœuf (queue de bœuf ou pattes) ou os de veau (jarret, épaule)	2 lb 3oz
2	carottes, en tronçons	2
1	oignon blanc, haché	1
1	gousse d'ail	1
1	branche de céleri avec ses feuilles	1
100 g	champignons de Paris (facultatif)	4 c. à table
1	boîte de concentré de tomates, ou tomates fraîches	1
1	bouquet garni ou estragon, cerfeuil et persil séchés	1
1,5 l	eau	6 tasses
	poivre blanc en grains	

1. Dans une lèchefrite, faire roussir les os concassés 10 à 15 minutes dans le four à 250 °C.

2. Retirer du four. Mettre les os brunis dans une casserole.

3. Ajouter les légumes, le concentré de tomates et l'eau. Amener à ébullition.

4. Faire mijoter le tout 1 heure ou plus, le temps nécessaire pour obtenir une certaine concentration.

5. Ajouter les herbes et continuer la cuisson 35 à 50 minutes.

6. Passer au chinois ou au tamis fin et faire refroidir rapidement.

Conseil : Avant de vous servir du fond, n'oubliez pas de le dégraisser de nouveau.

LES SAUCES

FUMET DE POISSON

1 LITRE (4 TASSES)

1,5 kg	arêtes et parures de poisson (blanc de préférence comme la sole ou le turbot)	3lb 3oz
2	oignons blancs	2
4	échalotes	4
1	blanc de poireau	1
1	branche de céleri et ses feuilles	1
50 g	champignons de Paris, coupés en lanières	3 c. à table
20 cl	vin blanc sec	7/8 tasse
1/2	citron, en jus ou en rondelles	1/2
1	bouquet garni	1
1,5 l	eau	6 tasses
	poivre blanc ou noir de préférence en grains	

1. Laver et égoutter les arêtes et les parures de poisson.

2. Les mettre ensuite dans une casserole avec les légumes, le jus de citron (ou les rondelles), le bouquet garni et le vin blanc.

3. Couvrir d'eau et amener à ébullition.

4. Poivrer. Laisser mijoter 1 heure à feu doux en écumant fréquemment.

5. Filtrer le bouillon et le faire refroidir.

Conseil : Le fumet de poisson sert à pocher d'autres poissons et s'utilise aussi dans la composition des sauces marinière et normande, entre autres. Vous pouvez aussi utiliser des filets de poisson blanc (sole ou turbot) pour faire le fumet.

LE COURT-BOUILLON

1 LITRE (4 TASSES)

2	carottes, en dés	2
1	blanc de poireau, en dés	1
1	oignon blanc, en dés	1
	ou	
6	échalotes, émincées	6
50 g	champignons de Paris, émincés (facultatif)	3 c. à table
10 cl	vin blanc sec	1/2 tasse
	bouquet garni	
	ou	
	1 feuille de laurier séché, thym et romarin séchés	
	poivre blanc en grains	
1,5 l	eau	6 tasses

1. Mettre tous les ingrédients dans une casserole et amener à ébullition.

2. Laisser mijoter 50 minutes en écumant fréquemment.

3. Filtrer et faire refroidir le court-bouillon avant de vous en servir.

> *Il était d'usage au Moyen Âge de brûler des encens et des herbes pour parfumer l'atmosphère des pièces. Cela couvrait aussi les odeurs des viandes cuites des animaux que l'on présentait sur les tables dans leur apparat d'origine, avec poil et plumes !*

$\mathscr{L}$es
sauces chaudes

Plus nombreuses que les sauces froides, les sauces chaudes accompagnent la plupart des mets. Elles conviennent autant pour les entrées que pour les desserts. Dans cette famille, on retrouve les sauces blanches, brunes et aux tomates, de même que leurs nombreuses sauces dérivées.

$\mathscr{L}$es sauces blanches et leurs principales sauces dérivées

La béchamel est composée d'une quantité égale de beurre et de farine allongée au lait. Pour une consistance plus épaisse, on augmente la quantité de farine et de beurre pour la même quantité de lait. Puis, elle est aromatisée de sel et de poivre et d'une pincée de muscade. Une fois cuite, la sauce est passée au chinois ou au tamis fin pour obtenir une texture onctueuse.

Certaines sauces blanches sont parfois préparées avec moitié lait et moitié eau. Elles ont peu de goût et servent seulement à composer une autre sauce. La béchamel peut aussi se préparer avec des morceaux de viande, des légumes coupés en mirepoix, cuits en même temps que la sauce puis filtrés avant de la servir.

Une sauce béchamel offre de nombreuses possibilités. Elle sert de base pour les sauces au fromage servies sur des pâtes. Dans une version claire, elle se transforme en potage. Elle sert très souvent d'accompagnement aux légumes, aux poissons et, enfin, elle se gratine très bien. À partir d'une béchamel, vous pouvez élaborer notamment les sauces Mornay, Nantua et soubise.

La sauce allemande, autre sauce mère, se prépare à partir d'un fond de veau ou de volaille qui est ensuite lié à des jaunes d'œufs. Selon les recettes, on lui ajoute de la crème et du beurre, du vin blanc, du jus de citron, des champignons ou de la muscade. Ses sauces dérivées sont les Richelieu et Villeroi.

Les veloutés, dernières sauces mères de la catégorie des sauces blanches chaudes, sont préparés à partir d'un roux blanc mouillé d'un fond de veau, de volaille ou d'un fumet de poisson. Cette sauce aromatisée avec un alcool, comme le xérès, est utilisée pour napper des viandes blanches. Ses sauces dérivées sont nombreuses, comme les sauces marinière et normande, à base de fumet ; les sauces bourguignonne, royale et suprême, à base de fond de volaille ; les sauces cardinale, hongroise et bretonne notamment, à base de fond de veau.

BÉCHAMEL TRADITIONNELLE

4 PORTIONS

30 g	beurre	1 c. à table
30 g	farine tout usage	2 c. à table
625 ml	lait	2 1/2 tasses
5 ml	muscade (facultatif)	1/4 c. à thé
	sel, poivre, au goût	

1. Dans une poêle, faire fondre le beurre.

2. Ajouter graduellement la farine au fouet métallique ; laisser cuire quelques minutes sans brunir.

3. Incorporer le lait d'un coup et bien mélanger ; laisser mijoter à feu doux jusqu'à ce que la sauce épaississe, en fait le temps nécessaire pour dissoudre le goût de la farine. Remuez constamment.

4. Ajouter la muscade. Saler, poivrer.

Conseil : La sauce béchamel est généralement aussi appelée sauce blanche même si elle est plus riche et plus savoureuse que cette dernière. Cette recette donne une sauce de consistance moyenne.

Suggestions : Cette sauce accompagne les œufs durs, les légumes cuits à la vapeur, les poissons et les volailles.

> *Dans un banquet organisé en l'honneur de Julien de Médicis en 1533, chacun des convives a reçu, dans une serviette de table pliée, des petits oiseaux vivants qui, une fois libérés, ont sautillé sur la table pendant que les convives mangeaient.*

SAUCE BÉCHAMEL À L'ANCIENNE

4 PORTIONS

30 g	beurre	1 c. à table
30 g	farine	2 c. à table
625 ml	lait	2 1/2 tasses
1	oignon blanc	1
4	clous de girofle	4
	sel, poivre	
1	jaune d'œuf	1
30 ml	crème 35 %	2 c. à table

1. Faire un roux blanc avec le beurre et la farine.

2. Verser le lait sur le roux et brasser énergiquement jusqu'à ce que la sauce épaississe. La laisser ensuite mijoter doucement. Ne pas faire bouillir la sauce.

3. Piquer l'oignon de clous de girofle et le mettre dans la sauce pendant qu'elle mijote. Saler et poivrer.

4. Dans un bol, préparer la liaison en délayant le jaune d'œuf avec la crème.

5. Quand la sauce est prête, la passer au tamis pour enlever l'oignon. La remettre en casserole et, sur feu doux, incorporer avec un fouet la liaison jaune d'œuf et de crème.

6. Brasser et cesser la cuisson.

Conseil : Vous pouvez lui ajouter quelques carottes et du céleri hachés fin, revenus au beurre pendant qu'elle mijote. Cette sauce béchamel à l'ancienne ne se conserve pas, à cause de la liaison œufs et crème.

Suggestions : Cette sauce onctueuse relève bien les légumes cuits à la vapeur, le saumon ou la truite. Elle s'utilise aussi pour les gratins.

BÉCHAMEL AU MICRO-ONDES

2 PORTIONS

60 ml	beurre	4 c. à table
30 ml	farine	2 c. à table
15 ml	concentré de bouillon de poulet	1 c. à table
60 ml	lait 2 %	1/4 tasse
15 ml	paprika	1 c. à table

1. Faire fondre le beurre 40 secondes à intensité maximale.

2. Ajouter la farine, le concentré de bouillon de poulet et le lait.

3. Bien mélanger et faire cuire à intensité maximale 4 à 5 minutes, en remuant toutes les 2 minutes.

4. Saupoudrer de paprika, réchauffer à intensité moyenne-élevée 3 minutes.

VELOUTÉ

4 PORTIONS

30 g	farine	2 c. à table
30 g	beurre	1 c. à table
750 ml	fond blanc de poulet	3 tasses
	sel, poivre	
30 ml	crème 35 % (facultatif)	2 c. à table
15 ml	madère ou porto (facultatif)	1 c. à table

1. Faire le roux blanc sur feu doux sans le brunir.

2. Incorporer le fond, de préférence tiède sinon chaud.

3. Amener à ébullition en brassant continuellement et laisser mijoter ensuite doucement environ 30 à 35 minutes. Saler et poivrer.

4. Passer le velouté au tamis fin. Verser quelques gouttes d'alcool, puis ajouter une touche d'onctuosité avec un peu de crème et brasser pour rendre le velouté lisse.

Conseils : Le velouté (sans la crème et l'alcool) s'utilise dans la préparation d'autres sauces. Plus léger qu'une sauce blanche, il s'intègre bien dans les sauces qui accompagnent les poissons. Vous pouvez aussi lui ajouter 1 tasse de plus de fond, quelques morceaux de poulet cuits et du beurre pour en faire un potage exquis. Si vous faites un velouté pour servir avec un poisson, faites d'abord pocher le poisson au court-bouillon ou à l'eau et gardez ce bouillon pour réaliser le velouté. Ajoutez alors à la recette 1/4 de tasse de vin blanc sec et quelques fines herbes comme de l'aneth et de la ciboulette.

Suggestions : Le velouté se sert avec les volailles, poulet ou dinde, et avec le poisson à chair blanche.

SAUCE SOUBISE

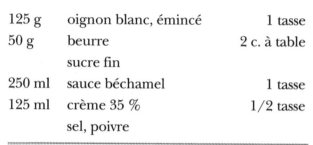

4 PORTIONS

125 g	oignon blanc, émincé	1 tasse
50 g	beurre	2 c. à table
	sucre fin	
250 ml	sauce béchamel	1 tasse
125 ml	crème 35 %	1/2 tasse
	sel, poivre	

1. Faire revenir l'oignon, le saupoudrer de sucre dans le beurre, 4 à 5 minutes, sans le brunir.

2. Incorporer la sauce béchamel en remuant doucement.

3. Faire cuire la sauce sur feu moyen jusqu'au point d'ébullition. Retirer du feu.

4. Passer la sauce au tamis fin, mais récupérer un peu d'oignon. La remettre en casserole.

5. Toujours à feu doux, verser la crème et laisser cuire encore quelques minutes en remuant constamment. Saler et poivrer.

Conseil : Vous pouvez faire blanchir à l'eau salée l'oignon avant de le faire suer dans le beurre. Cette technique enlève l'amertume de l'oignon. En ce cas, n'utilisez pas de sucre pour le faire suer au beurre. La sauce soubise doit avoir une consistance assez épaisse.

Suggestion : À savourer avec des volailles rôties.

SAUCE MORNAY

4 PORTIONS

250 ml	sauce béchamel	1 tasse
2	jaunes d'œufs	2
30 ml	crème 35 %	2 c. à table
125 g	gruyère, râpé	1 tasse
	sel, poivre	

1. Sur feu doux, faire chauffer lentement la sauce béchamel jusqu'au point d'ébullition.

2. La retirer du feu et lui ajouter les jaunes d'œufs délayés dans la crème. Bien brasser pour intégrer les ingrédients. Remettre sur feu doux.

3. Ramener la sauce à cuire lentement, sans laisser bouillir et sans cesser de la brasser.

4. Quand la sauce est assez consistante, la retirer du feu. Râper le fromage et l'intégrer à la sauce en brassant énergiquement avec une cuillère de bois. Saler, poivrer au goût.

Conseils : Vous pouvez simplement ajouter du fromage à une sauce béchamel chaude pour réussir une sauce Mornay rapide. Vous pouvez aussi utiliser n'importe quel fromage à pâte cuite pour cette recette.

Suggestion : Cette sauce accompagne bien les légumes cuits à la vapeur et les volailles. Elle s'utilise aussi pour les gratins.

BÉCHAMEL AUX ŒUFS

2 PORTIONS

30 g	farine	2 c. à table
30 g	beurre	1 c. à table
250 ml	lait	1 tasse
	sel, poivre	
	paprika	
1	œuf, cuit dur	1

1. Dans une casserole, faire le roux blanc avec la farine et le beurre.

2. Incorporer le lait en remuant.

3. Assaisonner de sel, poivre et paprika.

4. Couper l'œuf en fins morceaux et les ajouter à la sauce. Bien brasser pour rendre la sauce lisse.

On attribue à M. de Béchamel, financier et secrétaire du roi Louis XIV, l'invention de la fameuse sauce du même nom.

SAUCE AU PAIN

2 PORTIONS

30 g	beurre	1 c. à table
1/2	petit oignon, non haché	1/2
1/2	petit oignon, haché	1/2
1	clou de girofle	1
250 ml	lait	1 tasse
125 ml	mie de pain	1/2 tasse
	sel, poivre	

1. Faire revenir une moitié d'oignon haché fin dans le beurre sans laisser brunir.

2. Verser le lait en remuant. Ajouter l'autre moitié de l'oignon non haché, piqué du clou de girofle, et laisser mijoter 10 à 15 minutes sur feu moyen.

3. Incorporer la mie de pain et amener à ébullition. Puis, sur feu plus doux, continuer la cuisson encore 20 minutes. Brasser la sauce de temps en temps.

4. Une fois la sauce cuite, enlever la moitié de l'oignon piqué du clou de girofle. Assaisonner.

Suggestion : Cette sauce est savoureuse sur de la volaille grillée.

SAUCE NORMANDE

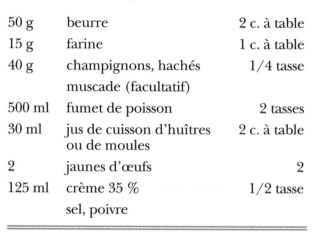

2 À 4 PORTIONS

50 g	beurre	2 c. à table
15 g	farine	1 c. à table
40 g	champignons, hachés	1/4 tasse
	muscade (facultatif)	
500 ml	fumet de poisson	2 tasses
30 ml	jus de cuisson d'huîtres ou de moules	2 c. à table
2	jaunes d'œufs	2
125 ml	crème 35 %	1/2 tasse
	sel, poivre	

1. Avec le beurre et la farine, faire un roux blanc sur feu moyen.

2. Dans une autre casserole, faire suer les champignons dans un peu de beurre. Ajouter le roux, la muscade s'il y a lieu, le fumet de poisson et le jus de cuisson d'huîtres ou de moules.

3. Laisser mijoter pendant 10 minutes.

4. Pendant ce temps, dans un bol, délayer à la fourchette les jaunes d'œufs avec la crème pour lier la sauce.

5. Ajouter cette liaison à la sauce et laisser cuire quelques minutes.

6. Passer la sauce au tamis fin. Assaisonner de sel et poivre.

Conseil : Si vous cuisinez une sauce normande pour servir avec un poisson poché, vous pouvez utiliser cette eau de cuisson à la place du fumet.

Suggestions : La sauce normande est une sauce classique qui se sert avec les poissons pochés ou grillés.

SAUCE ALLEMANDE

2 PORTIONS

60 ml	fond blanc	1/4 tasse
5 ml	jus de citron	1 c. à thé
125 ml	velouté de volaille	1/2 tasse
60 g	champignons, hachés	1/2 tasse
1	noix de muscade	1
2	jaunes d'œufs	2
30 ml	crème 35 %	2 c. à table
	poivre concassé	
	noisette de beurre	

1. Dans une casserole, faire réduire le fond blanc, le jus de citron, le velouté de volaille, les champignons et la muscade.

2. Pendant ce temps, faire la liaison en délayant dans un bol les jaunes d'œufs et la crème.

3. Une fois la sauce réduite, ajouter la liaison en brassant bien avec un fouet. Cuire la sauce doucement en la surveillant pour qu'elle ne bouille pas. Seulement faire mijoter.

4. Quand la sauce est cuite ou qu'elle a une consistance moyenne, la passer au tamis fin. Ajouter la noisette de beurre, bien brasser. Saupoudrer de poivre concassé.

Conseil : Cette sauce classique peut se préparer avec des champignons de Paris émincés ou des pleurotes, qui sont plus goûteux. Si vous n'avez pas sous la main un fond blanc, vous pouvez utiliser un bouillon de poulet en conserve ou en cubes délayé dans de l'eau.

Suggestions : La sauce allemande se sert avec les viandes blanches pochées ou le veau.

SAUCE AURORE

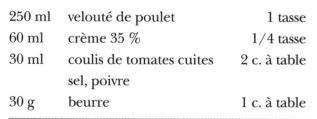

4 PORTIONS

250 ml	velouté de poulet	1 tasse
60 ml	crème 35 %	1/4 tasse
30 ml	coulis de tomates cuites	2 c. à table
	sel, poivre	
30 g	beurre	1 c. à table

1. Ajouter en brassant la crème au velouté et faire chauffer le mélange à feu doux.

2. Incorporer, en brassant, le coulis de tomates. Saler et poivrer.

3. Laisser cuire quelques minutes sans faire bouillir, le temps nécessaire pour que la sauce prenne consistance.

4. Retirer ensuite du feu et filtrer la sauce au tamis fin. Ajouter le beurre au fouet et bien mélanger.

Suggestions : La sauce aurore accompagne la dinde rôtie ou des légumes en gratin. Il est possible de la préparer avec un velouté au lieu de la béchamel, c'est-à-dire que vous ajoutez un fond de volaille ou un consommé de poulet au roux blanc.

SAUCE À LA CRÈME POUR PÂTES

2 PORTIONS

2	échalotes, émincées	2
2	tranches de bacon cru, émincées	2
60 g	petits pois, congelés	1/2 tasse
60 g	jambon, en dés	2 oz
125 ml	crème	1/2 tasse
	sel, poivre	
	fromage, râpé	
	persil, séché	

1. Dans une poêle, faire revenir l'échalote, les petits pois et le bacon dans un soupçon de beurre. Bien égoutter pour retirer le gras du bacon.

2. Mettre le jambon en dés et la crème fraîche. Brasser légèrement jusqu'à ce que la sauce épaississe.

3. Saler, poivrer, puis ajouter un peu de fromage râpé au goût.

4. Avant de servir, saupoudrer de persil séché.

SAUCE À LA MOUTARDE

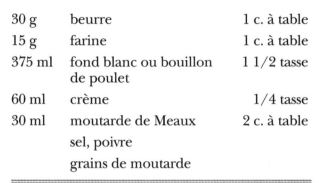

4 PORTIONS

30 g	beurre	1 c. à table
15 g	farine	1 c. à table
375 ml	fond blanc ou bouillon de poulet	1 1/2 tasse
60 ml	crème	1/4 tasse
30 ml	moutarde de Meaux	2 c. à table
	sel, poivre	
	grains de moutarde	

1. Dans un bol, préparer le beurre manié pour lier la sauce. Avec une fourchette, fouetter le beurre en le saupoudrant de farine. Faire un mélange homogène. Réserver.

2. Dans une casserole, sur feu moyen, verser le fond de poulet et la crème. Chauffer en remuant puis incorporer la moutarde.

3. Faire cuire la sauce, sans la laisser bouillir, suffisamment pour qu'elle réduise quelque peu.

4. Ajouter au fouet le beurre manié. Saler, poivrer et saupoudrer de quelques grains de moutarde.

Suggestion : Cette sauce accompagne particulièrement bien les grillades.

SAUCE POULETTE

4 PORTIONS

4	échalotes, émincées	4
50 g	beurre	2 c. à table
50 g	farine	3 c. à table
500 ml	fumet de poisson ou bouillon de volaille	2 tasses
1	citron (jus)	1
2	jaunes d'œufs	2
15 ml	persil, séché	1 c. à table
	sel, poivre	

1. Dans un peu de beurre, faire dorer les échalotes émincées.
2. Ajouter le beurre et la farine pour mousser un roux blond.
3. Verser doucement le fumet de poisson ou le bouillon de volaille sur le roux. Bien mélanger et laisser cuire la sauce 10 minutes.
4. Dans un bol, mélanger le jus de citron et les jaunes d'œufs en fouettant.
5. Ajouter ce mélange dans la sauce en remuant doucement pour bien la lier.
6. Saupoudrer de persil séché. Saler et poivrer.

Conseil : Vous pouvez ajouter 1 ou 2 c. à table d'eau chaude dans la liaison de la sauce pour mieux délayer les jaunes d'œufs.

Suggestions : La sauce poulette est délicieuse sur des moules ou des palourdes cuites.

BÉCHAMEL AU MICRO-ONDES

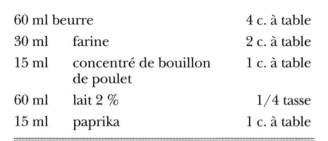

2 PORTIONS

60 ml	beurre	4 c. à table
30 ml	farine	2 c. à table
15 ml	concentré de bouillon de poulet	1 c. à table
60 ml	lait 2 %	1/4 tasse
15 ml	paprika	1 c. à table

1. Faire fondre le beurre 40 secondes à intensité maximale.

2. Ajouter la farine, le concentré de bouillon de poulet et le lait.

3. Bien mélanger et faire cuire à intensité maximale 4 à 5 minutes, en remuant toutes les 2 minutes.

4. Saupoudrer de paprika, réchauffer à intensité moyenne-élevée 3 minutes.

COULIS D'ÉPINARDS

175 ml	bouillon de poulet, dégraissé	3/4 tasse
45 ml	fécule de maïs	3 c. à table
125 ml	yogourt nature	1/2 tasse
1/2 sac	épinards, lavés et blanchis, hachés	1/2 sac
	sel, poivre, au goût	

1. Dans une casserole, faire chauffer le bouillon de poulet. Lier avec la fécule de maïs et incorporer le yogourt et les épinards; saler et poivrer.

PURÉE À L'AIL

10 ml	beurre	2 c. à thé
10 ml	huile d'olive	2 c. à thé
1	oignon, émincé	1
4	gousses d'ail, hachées	4
15 ml	farine tout usage	1/2 c. à table
250 ml	bouillon de poulet	1 tasse
30 g	parmesan, râpé	1 c. à table
	sel, poivre, fraîchement moulu	

1. Faire chauffer le beurre et l'huile dans une casserole. Y faire revenir l'oignon et l'ail à feu moyen, environ 5 minutes, jusqu'à ce que l'oignon fonde. Ajouter la farine et bien mélanger.

2. Ajouter le bouillon de poulet et assaisonner au goût. Couvrir et laisser mijoter 30 minutes sur feu très doux.

3. Réduire la préparation en purée au robot culinaire.

> *Dans les anciens livres de cuisine, de l'Antiquité au Moyen Âge, les recettes n'indiquaient ni quantités ni temps de cuisson.*

SAUCE À LA NOISETTE

30 ml	beurre	2 c. à table
15 ml	farine tout usage	1 c. à table
250 ml	crème 35 %	1 tasse
30 ml	brandy, cognac ou vermouth	2 c. à table
30 ml	olives au choix, hachées	2 c. à table
30 ml	persil frais, haché	2 c. à table
175 ml	noisettes, grillées, hachées	3/4 tasse
1 pincée	muscade	1 pincée

1. Dans une grande poêle, faire fondre le beurre à feu moyen-vif, y incorporer la farine et bien mélanger.

2. Verser la crème et le brandy (ou cognac, ou vermouth) dans la poêle ; porter à ébullition.

3. Incorporer les olives hachées et le persil.

4. Ajouter les noisettes et faire cuire 5 minutes ou jusqu'à ce que la sauce épaississe légèrement ; assaisonner de muscade.

Les sauces brunes et leurs principales sauces dérivées

Elles sont préparées avec un fond brun, généralement un fond de veau lié avec un roux brun. Les sauces brunes exigent généralement un temps de préparation plus long et sont très riches en ingrédients. Ces sauces classiques dans les grands restaurants et les hôtels peuvent très bien être adaptées à la cuisine familiale.

La sauce espagnole, principale sauce mère des sauces brunes, se prépare avec un fond brun et un mélange de légumes, aussi appelé mirepoix – oignons, carottes, céleri et jambon ou lard coupés en dés, colorés au beurre et assaisonnés de fines herbes –, le tout lié avec un roux brun. Elle a été, avec la mayonnaise, la deuxième sauce mère à être baptisée et elle est considérée comme un élément indispensable en haute cuisine. Inventée par le cuisinier français Vincent La Chapelle, autour de 1733, la sauce espagnole – dont on ignore l'origine du nom, car la sauce espagnole n'est pas un élément de la cuisine de ce pays – est un fond lié qui sert à préparer d'autres sauces. Elle est donc faite à partir d'ingrédients déjà cuisinés, dont le roux, le fond brun et la mirepoix, ce qui fait son originalité et explique sa grande utilisation dans la restauration de luxe.

La sauce espagnole telle que la cuisinent les professionnels demande de nombreuses heures de cuisson, car on doit minutieusement préparer à part tous ses composants. On la remplace dans la cuisine familiale par un fond brun, souvent non lié, c'est-à-dire un fond brun ou bouillon concentré de veau, d'agneau ou de gibier, qui sera éventuellement lié au roux, à la fécule ou au beurre selon la finition de la sauce et son emploi. Elle est souvent aussi additionnée d'un concentré de tomates. Il existe bien entendu de nombreuses recettes de sauce brune qui demandent un temps de préparation raisonnable et qui peuvent être utilisées à la place de la véritable grande sauce espagnole. Les sauces dérivées principales de la sauce espagnole sont, entre autres, les sauces bordelaise, financière, bigarade et venaison.

La demi-glace est une lente réduction d'un fond brun de veau qui est ensuite aromatisé au xérès et lié pour obtenir une saveur parfumée et une consistance veloutée. Ses sauces dérivées sont très nombreuses, car les demi-glaces, de par leur texture caramélisée, viennent souvent napper les rôtis et les viandes grillées. On trouve parmi ces dérivées, pour n'en nommer que quelques-unes, les sauces Chateaubriand, matelote, Périgueux et poivrade.

SAUCE DIABLE

4 PORTIONS

30 g	échalote, hachée finement	2 c. à table
30 ml	vinaigre de vin (blanc ou rouge)	2 c. à table
125 ml	vin blanc sec	1/2 tasse
	poivre moulu (1 pincée) ou 6 grains de poivre noir	
1	feuille de laurier	1
	thym séché, au goût	
	estragon séché, au goût	
250 ml	fond brun de veau ou demi-glace	1 tasse
10 ml	persil, frais, haché	2 c. à thé

1. Sur feu doux, faire réduire l'échalote, le vinaigre de vin, le vin blanc, le poivre et les herbes. Ne laisser que le tiers du mélange dans la casserole.

2. Verser ensuite le fond sur la réduction et faire mijoter, sans bouillir, 10 à 15 minutes, le temps nécessaire pour que la sauce prenne une consistance légèrement épaisse.

3. Filtrer la sauce au tamis fin ; rectifier l'assaisonnement et ajouter le persil haché.

Conseil : Vous pouvez y ajouter, au moment de servir, une noix de beurre pour la rendre encore plus onctueuse.

Suggestion : La sauce diable se sert habituellement avec les volailles rôties.

SAUCE BRUNE CLASSIQUE

1 LITRE (4 TASSES)

1	petit oignon, en dés	1
1	carotte, en dés	1
1	branche de céleri, en dés	1
1	morceau jambon, en dés (facultatif)	1
1	roux brun	1
1 l	fond brun	4 tasses
1	feuille de laurier	1
1	branche de romarin	1
	sel, poivre	

1. Faire revenir la mirepoix (oignon, carotte, céleri et jambon coupés en très petits dés) dans un peu de beurre. Réserver.

2. Dans une autre casserole, verser le fond brun sur le roux pour donner une consistance légère à la sauce. Ajouter la mirepoix, les herbes et faire cuire le tout jusqu'à ébullition.

3. Diminuer l'intensité du feu et laisser mijoter la sauce 40 à 50 minutes. Écumer quelques fois pour enlever l'excédent de gras.

4. Quand la sauce est cuite, la faire refroidir avant de la filtrer au tamis fin. Saler très légèrement, poivrer.

Conseils : Une sauce brune est un fond brun lié. Elle sert en particulier à composer d'autres sauces. Si vous utilisez du bouillon de bœuf en conserve, n'ajoutez pas de sel. Si vous n'utilisez pas de roux, vous pouvez saupoudrer de farine la mirepoix avant d'y verser le fond brun. Faites cuire la sauce plus longtemps pour que la farine soit bien intégrée au fond.

Suggestions : Cette sauce peut napper des viandes rouges grillées ou servir à la composition d'autres sauces.

SAUCE ESPAGNOLE

1 LITRE (4 TASSES)

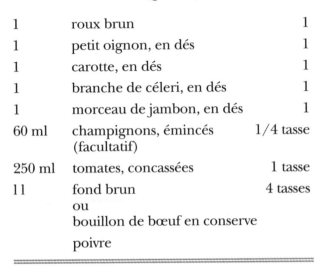

1	roux brun	1
1	petit oignon, en dés	1
1	carotte, en dés	1
1	branche de céleri, en dés	1
1	morceau de jambon, en dés	1
60 ml	champignons, émincés (facultatif)	1/4 tasse
250 ml	tomates, concassées	1 tasse
1 l	fond brun ou bouillon de bœuf en conserve poivre	4 tasses

1. Dans une casserole, mettre le roux, les légumes et le jambon en mirepoix, les champignons et les tomates concassées.

2. Ajouter au mélange le fond brun et laisser mijoter la sauce entre 1 et 2 heures. Écumer fréquemment.

3. Lorsque la sauce est prête, la faire refroidir avant de la tamiser pour enlever les morceaux de légumes et de jambon. Poivrer légèrement.

Conseil: Comme pour la sauce brune classique, le roux doit se composer de 2 c. à table de beurre et de 3 c. à table de farine. Bien mélanger sur feu doux jusqu'à ce qu'il prenne une couleur foncée.

Suggestion: Utilisez cette sauce brune pour composer d'autres sauces.

> *La mirepoix a été inventée au XVIIIᵉ siècle par le cuisinier du duc de Lévis-Mirepoix, ambassadeur de Louis XV.*

SAUCE MADÈRE

4 PORTIONS

75 ml	madère ou porto	1/3 tasse
250 ml	fond brun de veau	1 tasse
30 g	beurre manié	1 c. à table
	sel, poivre	
5 ml	sauce soya	1 c. à thé

1. Sur feu moyen, faire réduire le vin jusqu'à ce qu'il n'en reste que le tiers.

2. Y verser le fond brun et laisser cuire quelques minutes, puis porter le tout à ébullition.

3. Une fois la sauce bouillante, éteindre le feu puis incorporer le beurre manié en fouettant régulièrement.

4. Saler, poivrer et verser la sauce soya. Bien brasser pour rendre la sauce homogène.

Conseils : Pour faire un beurre manié, vous avez besoin de 1 c. à table de beurre à la température de la pièce, auquel vous ajoutez 1 pincée de farine. Remuez avec une fourchette. Si vous ne disposez pas de fond brun de veau, vous pouvez utiliser un bouillon de bœuf en conserve, mais alors attention de ne pas saler.

Suggestions : Cette sauce est à servir avec de l'agneau grillé ou du gibier.

SAUCE CHASSEUR

4 PORTIONS

50 g	beurre	2 c. à table
4	échalotes, hachées fin	4
125 g	champignons, émincés	1/2 tasse
100 ml	vin blanc	1/4 tasse
250 ml	sauce espagnole ou sauce brune tomatée	1 tasse
45 ml	estragon séché	3 c. à table
15 ml	persil séché	1 c. à table
15 ml	cerfeuil séché	1 c. à table
	sel, poivre	

1. Faire étuver dans un peu de beurre les champignons et les échalotes puis les égoutter.

2. Dans une autre casserole, sur feu moyen, verser le vin blanc puis en laisser diminuer la quantité de moitié. Ajouter ensuite la sauce espagnole, les champignons et les échalotes.

3. Couvrir et laisser mijoter sur feu doux 10 minutes.

4. Retirer du feu puis ajouter les herbes et le beurre. Bien mêler. Saler, poivrer.

Conseil: La sauce chasseur possède un léger goût de tomate. Si vous utilisez de la sauce brune classique, ajoutez à la recette 1/2 tasse de tomates concassées ou 3 c. à table de pâte de tomates.

Suggestions: On déguste la sauce chasseur sur le gibier à plumes, sur la volaille ou sur le veau.

SAUCE POIVRADE

4 PORTIONS

30 g	beurre	2 c. à table
100 g	morceaux de gibier	3 oz
	ou	
60 g	lard de poitrine	2 oz
1	carotte, en dés	1
1	oignon, en dés	1
1	branche de céleri, en julienne	1
30 ml	vinaigre de vin	2 c. à table
60 ml	marinade à viande	1/4 tasse
	laurier, thym séchés	
500 ml	sauce brune	2 tasses
	sel	
	poivre noir concassé	
30 g	beurre froid	1 c. à table
	ou	
15 ml	marinade à viande	1 c. à table

1. Faire dorer les morceaux de viande dans le beurre avec la carotte, l'oignon et le céleri. Ajouter ensuite le vinaigre de vin, la marinade et les herbes. Laisser réduire le mélange de la moitié.

2. Verser la sauce brune. Saler légèrement et poivrer. Laisser mijoter la sauce 50 minutes ou un peu moins, à feu doux. Elle doit avoir une consistance moyenne. La filtrer au tamis quand elle est prête et la remettre en casserole.

3. Incorporer avec un fouet le beurre ou la marinade pour rendre la sauce plus lisse. Parsemer de nouveau d'un peu de poivre.

Conseils: Cette sauce au goût prononcé accompagne particulièrement bien le gros gibier comme le chevreuil. Vous pouvez lui ajouter, à la fin de la cuisson, de la gelée de fruits sauvages (groseilles, canneberges) pour lui donner un ton plus léger. Cette sauce peut être réchauffée. Elle est encore meilleure lorsqu'elle a reposé un peu après la cuisson.

Suggestion: La sauce poivrade est un classique dans l'apprêt du gros gibier.

SAUCE AUX RAISINS

4 PORTIONS

250 ml	sucre brun	1 tasse
10 g	moutarde sèche	2 c. à thé
30 g	farine	2 c. à table
30 ml	vinaigre de vin blanc	2 c. à table
500 ml	eau	2 tasses
125 ml	raisins secs	1/2 tasse

1. Dans un bol, mettre les raisins secs à tremper dans de l'alcool au moins une demi-journée (recouvrir les raisins de liquide).

2. Puis, dans une casserole, mettre la farine, le sucre brun, la moutarde.

3. Verser l'eau, le vinaigre de vin et les raisins imbibés sur ce mélange et faire mijoter le tout sur feu doux, en brassant. Laisser cuire jusqu'à ce que la sauce épaississe.

Suggestions: Cette sauce se sert avec des viandes grillées comme le gibier ou l'agneau.

SAUCE CUMBERLAND

2 PORTIONS

1	orange (zeste)	1
1	citron (zeste)	1
1	échalote, hachée	1
30 ml	jus de citron	2 c. à table
	poivre concassé	
30 ml	fond brun	2 c. à table
60 ml	porto ou xérès	1/4 tasse
15 ml	gelée de groseille ou de raisin	1 c. à table
30 ml	jus d'orange	2 c. à table

1. Faire blanchir les zestes d'orange et de citron puis les tailler en julienne très fine. Mettre de côté.

2. Dans une casserole, verser le jus de citron et ajouter le poivre, l'échalote et un peu de la julienne de zestes. Faire réduire le mélange.

3. Incorporer le fond brun, l'alcool, la gelée et le jus d'orange. Porter le tout à ébullition.

4. Laisser mijoter la sauce ensuite sur feu moyen, en brassant légèrement, 10 à 15 minutes.

5. Filtrer la sauce au tamis fin et rectifier l'assaisonnement. La laisser refroidir.

6. Avant de servir, ajouter les zestes d'orange et de citron restants.

Suggestions : Cette sauce se sert en général tiède ou froide et elle est délicieuse sur des terrines ou des pâtés de campagne.

SAUCE AUX POMMES À L'ANGLAISE

4 PORTIONS

8	pommes moyennes, pelées, en dés	8
60 ml	eau	1/4 tasse
5 ml	cassonade	1 c. à thé
	jus de citron	
1	bâton de cannelle	1
15 ml	beurre	1 c. à table
	sel	

1. Dans une casserole, mettre les dés de pommes, l'eau, la cassonade, la cannelle et le jus de citron. Faire cuire à feu doux quelques minutes, suffisamment pour que les pommes cuisent.

2. Retirer du feu et enlever le bâton de cannelle. Réduire la sauce en purée et ajouter le beurre et le sel en brassant bien.

Suggestion : Cette sauce traditionnelle anglaise accompagne le porc en côtelettes ou en rôti.

SAUCE AU PORTO

6 PORTIONS

75 g	beurre	3 c. à table
30 g	farine	2 c. à table
375 ml	bouillon de bœuf	1 1/2 tasse
30 ml	porto	2 c. à table
30 ml	gelée de fruits	2 c. à table
30 ml	champignons, émincés	2 c. à table
	grains de poivre rose	

1. Sur feu doux, faire un roux blond avec la farine et le beurre. Y verser le bouillon de bœuf, la gelée et le porto. Faire cuire jusqu'à ce que la sauce épaississe.

2. Pendant ce temps, faire revenir les champignons dans le beurre, égoutter.

3. Ajouter les champignons et les grains de poivre à la sauce cuite. Remuer pour rendre la sauce homogène.

Conseil: Les gelées de groseille ou de raisin conviennent bien à cette sauce.

Suggestions: Cette sauce accompagne les viandes rouges rôties ou grillées.

SAUCE AU VIN

4 PORTIONS

1	oignon, émincé	1
5 ml	moutarde	1 c. à thé
250 ml	vin rouge sec	1 tasse
250 ml	consommé de bœuf ou fond brun de veau	1 tasse
	poivre	
30 g	beurre manié	1 c. à table
5 ml	sauce soya	1 c. à thé

1. Faire dorer l'oignon dans un peu de beurre. Ajouter la moutarde, le vin et le consommé de bœuf. Poivrer et laisser cuire la sauce jusqu'à ce que le liquide ait réduit du tiers.

2. Incorporer lentement le beurre manié en brassant régulièrement pour bien épaissir la sauce. Verser quelques gouttes de sauce soya.

Suggestion : Cette sauce relève les viandes rouges grillées.

SAUCE STYLE BARBECUE

4 PORTIONS

4	échalotes, émincées	4
15 ml	vinaigre de vin rouge	1 c. à table
60 ml	sauce tomate	4 c. à table
15 g	farine	1 c. à table
60 ml	eau	1/4 tasse
1	gousse d'ail	1
30 ml	sauce Worcestershire	2 c. à table
	thym et laurier, frais ou séchés	
	poivre noir	

1. Faire revenir l'échalote dans un peu de beurre ou d'huile.

2. Ajouter le vinaigre de vin et faire réduire. Incorporer la sauce tomate, puis le mélange eau et farine en brassant bien pour lier la sauce. Mettre l'ail, la sauce Worcestershire et les herbes et faire cuire 15 à 20 minutes.

3. Quand la sauce est prête, la tamiser et poivrer.

Suggestions : Cette sauce piquante relève bien les ailes de poulet ou le poulet rôti.

SAUCE BORDELAISE

1	carotte, coupée en dés	1
1	oignon, émincé	1
4	échalotes, émincées	4
125 ml	bordeaux, blanc ou rouge	1 tasse
1	feuille de laurier	1
1	branche de thym	1
1	tige de persil	1
375 ml	sauce brune	1 1/2 tasse
30 g	beurre manié	1 c. à table
100 g	moelle, pochée ou morceaux de bœuf	3 oz
	poivre	

1. Faire revenir l'oignon, 2 échalotes et la carotte dans un peu de beurre. Ajouter le vin et faire réduire un peu le mélange.

2. Verser ensuite la sauce brune et ajouter les herbes. Poivrer puis faire cuire la sauce 15 à 20 minutes sur feu doux à moyen. La filtrer au tamis lorsqu'elle est cuite et la remettre en casserole.

3. Brasser ensuite légèrement avec un fouet et lier la sauce avec le beurre manié. Ajouter les autres échalotes émincées et la moelle ou les morceaux de viande coupés finement.

Suggestion : Cette sauce classique accompagne toutes les viandes rouges grillées.

SAUCE CHARCUTIÈRE

4 PORTIONS

30 g	beurre	1 c. à table
1	oignon, émincé	1
125 ml	vin blanc sec	1/2 tasse
250 ml	sauce brune	1 tasse
15 ml	moutarde	1 c. à table
50 g	beurre manié	2 c. à table
3	petits cornichons, en julienne	3
	sel, poivre	

1. Faire revenir l'oignon dans un peu de beurre. Verser le vin et faire réduire de moitié.

2. Verser la sauce brune et laisser mijoter le tout 15 minutes ou plus.

3. Incorporer la moutarde et le beurre manié et bien brasser avec un fouet. La filtrer ensuite au chinois. Saler et poivrer. Ajouter les cornichons en julienne et servir.

Suggestion: La sauce charcutière rehausse à merveille le porc.

Les sauces tomates et leurs principales sauces dérivées

Les sauces tomates, qui entrent dans la catégorie des sauces brunes, ne sont devenues de grands classiques que depuis la fin du XIXᵉ siècle. Les tomates sont arrivées du Pérou sur les tables d'Europe vers 1600 mais, contrairement à ce que l'on pourrait penser, il se passa beaucoup de temps avant qu'elles soient appréciées à leur juste valeur. On les a longtemps considérées comme vénéneuses à cause de l'acidité dégagée par leurs feuilles. Un siècle après leur entrée dans les ports napolitains, les tomates sont devenues la base de la cuisine italienne – appelées là-bas *pomodoro* ou « pommes d'or » et de la cuisine provençale. Amenées du Midi vers Paris aux dernières heures de la Révolution, les tomates vont connaître un franc succès dans la fine cuisine française. Dès leurs débuts dans la cuisine parisienne, on trouve les tomates en général mijotées en sauce, rarement crues. Brillat-Savarin (vers 1805), dans son traité de *Physiologie du goût,* en parle avec beaucoup d'ardeur alors qu'il dégustait un gigot de veau nappé d'une sauce tomate.

En Europe comme en Amérique, les tomates sont très populaires dans plusieurs recettes de cuisine familiale ou de restauration. Elles se servent broyées en purée, en sauce ou en morceaux, cuites ou crues et accompagnent aussi bien les pâtes que les volailles, le veau, etc.

Les sauces tomates se divisent elles aussi en deux catégories. Les coulis chauds et froids et les sauces à base de tomates fraîches pelées et épépinées. Les coulis ont en général une texture plus consistante que celle des sauces. On obtient cette texture par un temps de cuisson suffisant pour faire évaporer l'eau des tomates. Lorsque le coulis est prêt, on le passe au mélangeur pour homogénéiser le tout. La majorité des recettes de sauce à la tomate demandent aussi l'utilisation d'une tomate sans pelure ni pépins.

Vous pouvez remplacer la sauce tomate maison par de nombreux substituts en conserve que l'on trouve à l'épicerie : tomates à l'étuvée, sauce tomate, etc. Une bonne sauce cependant demande peu de temps de préparation et, en général, peu d'ingrédients que vous n'ayez déjà sous la main. De l'huile d'olive, des oignons ou de l'ail, du basilic et, en un tournemain, vous pouvez cuisiner une savoureuse sauce maison.

Les sauces principales dérivées sont assez connues, telles les sauces bolognaise et chasseur.

LES SAUCES

SAUCE TOMATE CLASSIQUE

4 PORTIONS

10	tomates italiennes mûres	10
60 ml	huile d'olive	1/4 tasse
1	petit oignon blanc, haché fin	1
2	gousses d'ail, hachées fin	2
1	feuille de laurier	1
	origan (au goût)	
3 ou 4	feuilles de basilic	3 ou 4
	sel, poivre	
5 ml	sucre granulé	1 c. à thé

1. Ébouillanter les tomates pour les éplucher. Les épépiner et les tailler grossièrement.

2. Dans une casserole chaude, verser l'huile d'olive, puis l'oignon, l'ail et les tomates.

3. Avant de faire mijoter, brasser bien la sauce pour intégrer tous les éléments. Mettre les herbes, laurier, origan et basilic, et couvrir pour laisser cuire au moins 20 minutes.

4. Vérifier la cuisson et enlever le couvercle pour mieux laisser évaporer l'eau des tomates. Saler, poivrer et continuer à cuire jusqu'à obtenir une sauce assez épaisse.

5. Quand la sauce est prête, la retirer du feu puis saupoudrer du sucre. Brasser et servir.

Conseil : Vous pouvez ajouter du persil séché pour donner de la couleur.

Suggestions : Cette sauce est délicieuse sur des pâtes ou peut accompagner une viande grillée.

RATATOUILLE

4 PORTIONS

30 ml	huile d'olive	2 c. à table
1	petit oignon, en dés	1
1	aubergine, en dés	1
1	poivron rouge paré, en dés	1
1	poivron vert paré, en dés	1
1	gousse d'ail, écrasée	1
1	feuille de laurier	1
1	courgette, en dés	1
30 ml	pâte de tomates	2 c. à table
3	tomates, en dés	3

1. Dans une casserole, chauffer l'huile d'olive à feu moyen. Incorporer l'oignon et l'aubergine, cuire en remuant 5 minutes.

2. Ajouter les poivrons, l'ail, la feuille de laurier et la courgette, cuire en remuant, 5 minutes.

3. Incorporer la pâte de tomates, bien remuer pour enrober les légumes. Ajouter les tomates et poursuivre la cuisson à feu doux 10 minutes.

LES SAUCES

SAUCE BOLOGNAISE

4 PORTIONS

250 g	bœuf maigre, haché	9 oz
30 ml	huile d'olive	2 c. à table
1	oignon, haché fin	1
1	gousse d'ail, hachée fin	1
125 ml	fond brun (veau, bœuf)	1/2 tasse
125 ml	coulis de tomates	1/2 tasse
60 ml	vin blanc	1/4 tasse
	poivre	
1	feuille de laurier	1

1. Faire revenir la viande dans 1 c. à table d'huile d'olive. Bien égoutter la viande après la cuisson et réserver.

2. Dans une autre casserole, faire revenir l'oignon et l'ail dans un peu d'huile d'olive. Incorporer la viande et remuer.

3. Verser le fond brun, le coulis de tomates et le vin. Poivrer et ajouter le laurier. Amener le tout à ébullition.

4. Diminuer ensuite le feu pour faire mijoter la sauce au moins 35 minutes. Remuer souvent. La sauce est prête lorsqu'elle a une consistance assez épaisse.

Conseils : Lorsque la sauce est prête, vous pouvez y faire fondre une noix de beurre pour la rendre plus onctueuse. Pour ajouter plus de saveur et d'authenticité à votre sauce bolognaise, mêler au bœuf haché avant cuisson quelques foies de poulet coupés en dés.

Suggestions : La sauce bolognaise peut se servir sur des viandes de veau ou de bœuf, des légumes comme la pomme de terre, ou avec des spaghettis.

COULIS CHAUD DE TOMATES

4 PORTIONS

6	tomates moyennes, mûres	6
15 ml	huile d'olive	1 c. à table
30 g	beurre	1 c. à table
3	échalotes, hachées fin	3
1	gousse d'ail, hachée	1
5 ml	origan séché	1 c. à thé
	sel, poivre	
5 ml	sucre	1 c. à thé

1. Ébouillanter les tomates pour en enlever la peau. Les épépiner et les couper en dés.

2. Dans l'huile et le beurre chauds, faire dorer les échalotes et l'ail. Incorporer les tomates et l'origan. Saler et poivrer.

3. Couvrir et laisser mijoter 20 minutes. Découvrir et saupoudrer de sucre.

4. Continuer la cuisson sur feu doux, sans le couvercle, jusqu'à ce que les tomates ne contiennent plus d'eau.

5. Passer au tamis fin ou au mixeur pour obtenir une sauce bien lisse. Rectifier l'assaisonnement au goût.

Conseil : Si vos tomates ne sont pas assez mûres, ajouter durant la cuisson 2 c. à table de pâte de tomates.

Suggestions : Le coulis chaud de tomates peut se servir nature sur des viandes grillées ou avec du poisson. Il peut servir aussi de composant pour de nombreuses sauces, comme la bolognaise, la sauce chasseur, etc.

COULIS FROID DE TOMATES

2 PORTIONS

4	tomates moyennes, mûres	4
2	échalotes, émincées	2
	ou	
1	oignon blanc, émincé	1
30 ml	huile d'olive	2 c. à table
15 ml	vinaigre balsamique	1 c. à table
5 ml	origan séché	1 c. à thé
5 ml	basilic séché	1 c. à thé
5 ml	persil séché	1 c. à thé
	ou	
5 ml	coriandre séchée	1 c. à thé

1. Bien laver les tomates, les tailler en dés.

2. Mettre les tomates dans le bol du robot ou d'un mixeur puis ajouter tous les autres ingrédients. Bien mélanger pour obtenir une pâte consistante.

Conseil : Vous pouvez broyer les tomates et les passer au tamis fin avant de les mélanger aux autres ingrédients. Vous obtiendrez un coulis plus lisse.

Suggestions : Le coulis froid de tomates rehausse les légumes crus ou les salades.

Le XVIIIe siècle est considéré comme l'âge d'or de la fine cuisine. À cette époque, tous les nobles expérimentent et découvrent de nouveaux plats grâce à leurs propres talents ou à ceux de leurs cuisiniers. Louis XV lui-même, dit-on, cuisinait l'omelette et le poulet en sauce au basilic.

SAUCE À L'ITALIENNE

4 PORTIONS

30 g	beurre	2 c. à table
1	oignon, émincé	1
2	carottes, émincées	2
1	branche de céleri, émincée	1
100 g	jambon, haché	3 oz
100 g	veau, haché	3 oz
125 ml	coulis de tomates	1/2 tasse
250 ml	bouillon de bœuf	1 tasse
	basilic séché	
	poivre	
	parmesan, râpé (au goût)	

1. Dans une casserole, faire revenir les légumes dans le beurre sans les brunir.

2. Ajouter le veau haché et faire cuire.

3. Ajouter le jambon, le coulis de tomates et le basilic. Brasser et poivrer. Verser ensuite le bouillon de bœuf et laisser mijoter la sauce à découvert, 45 minutes.

4. Vérifier l'assaisonnement et incorporez le parmesan râpé. Bien remuer pour faire fondre le fromage tandis que la sauce est chaude.

Suggestion : Cette sauce accompagne bien les macaronis.

SAUCE À L'AMÉRICAINE

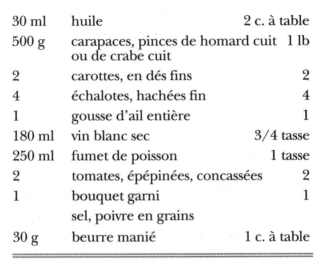

4 PORTIONS

30 ml	huile	2 c. à table
500 g	carapaces, pinces de homard cuit ou de crabe cuit	1 lb
2	carottes, en dés fins	2
4	échalotes, hachées fin	4
1	gousse d'ail entière	1
180 ml	vin blanc sec	3/4 tasse
250 ml	fumet de poisson	1 tasse
2	tomates, épépinées, concassées	2
1	bouquet garni	1
	sel, poivre en grains	
30 g	beurre manié	1 c. à table

1. Dans une casserole, faire revenir dans l'huile les carapaces et les pinces de crustacés. Maintenir le feu assez fort tout en remuant fortement la casserole afin que les carapaces puissent être saisies et prendre une couleur vive.

2. Réduire l'intensité du feu, ajouter les carottes, les échalotes et l'ail puis faire dorer. Verser le vin blanc et laisser mijoter quelques minutes pour réduire le vin.

3. Verser ensuite le fumet de poisson et incorporer les tomates, le bouquet garni. Saler légèrement et ajouter les grains de poivre. Laisser cuire 25 minutes. Passer au tamis fin.

4. Remettre la sauce en casserole et la laisser mijoter de nouveau sur feu doux jusqu'à ce qu'elle ait diminué de presque la moitié. Ne pas laisser bouillir.

5. Quand la sauce est réduite, en brassant légèrement, incorporer le beurre manié et laisser sur feu très doux quelques minutes. Remuer bien.

Suggestions : Cette sauce accompagne très bien les poissons blancs et le homard.

SAUCE À LA TOMATE ET AU VIN

4 PORTIONS

15 ml	huile	1 c. à table
3	échalotes, émincées	3
1	gousse d'ail, émincée	1
15 ml	coulis de tomates	1 c. à table
5 ml	pâte de tomates	1 c. à thé
375 ml	tomates en conserve, en dés	1 1/2 tasse
125 ml	vin rouge	1/2 tasse
	sucre	
	sel, poivre	
	basilic séché	
	origan séché	

1. Faire revenir l'ail et l'échalote dans l'huile. Ajouter le coulis et la pâte de tomates. Bien mélanger et cuire quelques minutes.

2. Verser les tomates en conserve, le sucre et le vin. Assaisonner de sel et de poivre et amener à ébullition.

3. Réduire le feu. Ajouter le basilic et l'origan et laisser mijoter la sauce jusqu'à ce que l'eau des tomates soit évaporée.

Conseil : Si vous choisissez des tomates en conserve déjà épicées, n'ajoutez pas d'autres herbes.

SAUCE À LA TOMATE ET À LA CRÈME

4 PORTIONS

30 g	beurre	1 c. à table
15 ml	huile d'olive	1 c. à table
1	oignon, haché fin	1
375 ml	coulis de tomates cuites	1 1/2 tasse
50 ml	crème 35 %	1/4 tasse
	basilic séché	
	origan séché	
1	feuille de laurier	1
	sel, poivre	

1. Faire revenir l'oignon dans le beurre et l'huile d'olive.

2. Verser le coulis de tomates et les herbes. Chauffer le mélange sur feu moyen sans laisser bouillir mais seulement mijoter à petits bouillons. Remuer souvent.

3. Réduire l'intensité du feu et ajouter la crème. Bien brasser et laisser mijoter quelques minutes, en brassant fréquemment, le temps nécessaire pour que la sauce épaississe.

4. Avant de servir, saler et poivrer au goût.

Conseil: Avant de servir, vous pouvez parsemer la sauce de fromage râpé.

Suggestion: Cette sauce est particulièrement délicieuse servie sur des pâtes.

CHUTNEY AUX FRUITS

6 PORTIONS

2	pommes, en dés	2
60 ml	raisins secs	1/3 tasse
375 ml	poires, en conserve ou ananas, en conserve	1 1/2 tasse
60 ml	oignon, haché	1/3 tasse
1	tomate, en dés (facultatif)	1
60 ml	vinaigre de cidre ou	1/4 tasse
60 ml	vinaigre de vin blanc	1/4 tasse
100 g	cassonade	1/4 tasse
5 ml	gingembre, en poudre	1 c. à thé
5 ml	piment de Cayenne	1 c. à thé
5 ml	coriandre séchée	1 c. à thé
1	pincée de sel	1

1. Ébouillanter la tomate pour la peler et l'épépiner. La couper en dés fins.

2. Mettre les fruits, le vinaigre, la cassonade, l'oignon, les épices et la tomate dans une casserole, et amener le tout presque au point d'ébullition.

3. Réduire l'intensité du feu et laisser cuire lentement 30 à 35 minutes ou suffisamment longtemps pour que le mélange prenne une consistance de marmelade.

4. Brasser bien et mettre ensuite le chutney dans un pot au préalable ébouillanté et refroidi. Laisser reposer pendant 24 heures.

Conseils : Le chutney est un condiment d'origine indienne que les Anglais ont adopté dans leur cuisine quotidienne. Il est composé de pommes, de raisins secs et de tomates. Vous pouvez lui ajouter des fruits et d'autres légumes (poivrons) à votre goût. Les épices peuvent aussi varier, de la cannelle à la muscade ; du safran à la coriandre. Gardé dans un bocal hermétique, le chutney se conserve plusieurs jours au réfrigérateur.

Suggestions : Le chutney se mange avec les viandes froides et les pâtés de campagne.

COULIS DE POIVRONS

3	poivrons rouges	3
15 ml	beurre	1 c. à table
1/2	oignon rouge, émincé	1/2
1	tomate, coupée grossièrement	1
125 ml	vin blanc sec	1/2 tasse
375 ml	bouillon de légumes	1 1/2 tasse
1	pincée de sucre	1

1. Déposer les poivrons sous le gril chauffé à *broil*, laisser noircir en les tournant de temps à autre, puis les envelopper de papier d'aluminium. Laisser refroidir les poivrons, les peler et les épépiner.

2. Dans une casserole, faire fondre le beurre à feu doux, ajouter l'oignon, la tomate et les poivrons, laisser cuire 15 minutes.

3. Incorporer le vin, le bouillon et la pincée de sucre. Continuer la cuisson à feu doux 20 minutes.

4. Passer la sauce au robot culinaire, la filtrer.

SAUCE AU VIN BLANC

250 ml	tomates étuvées, égouttées et en morceaux	1 tasse
30 ml	vin blanc sec	2 c. à table
15 ml	origan frais, ciselé	1 c. à table
	sel, poivre, au goût	
2 ml	fécule de maïs, délayée dans un peu d'eau	1/2 c. à thé

1. Dans une poêle, faire réduire à feu moyen-vif les tomates et le vin.

2. Ajouter la fécule de maïs et l'origan et assaisonner ; laisser épaissir.

SAUCE AUX TOMATES
À LA PROVENÇALE

1	petit oignon, haché	1
30 ml	huile d'olive	2 c. à table
15 ml	ail, haché	1 c. à table
750 ml	tomates aux fines herbes, en conserve, broyées	3 tasses
30 ml	persil frais, haché	2 c. à table
30 ml	basilic frais, haché	2 c. à table
1	branche de romarin frais	1
1	feuille de laurier	1
	sel, poivre, au goût	
	fécule de maïs, délayée dans un peu d'eau	

1. Dans une casserole, faire rissoler légèrement l'oignon dans l'huile, ajouter l'ail (sans le faire brunir) et les tomates.

2. Ajouter les fines herbes, la feuille de laurier; assaisonner. Laisser mijoter à feu doux 30 minutes.

3. Lier avec un peu de fécule de maïs si nécessaire. Retirer la feuille de laurier et la branche de romarin.

SAUCE MEXICAINE

4	grosses tomates, pelées, épépinées, en dés	4
4	échalotes, émincées	4
1	branche de céleri, en petits dés	1
30 ml	coriandre ou persil frais, haché(e)	2 c. à table
2	piments de Cayenne rouges forts, hachés fin	2
30 ml	vinaigre de vin rouge	2 c. à table
	sel, poivre du moulin, au goût	

1. Dans un bol, mélanger les tomates, les échalotes, le céleri, la coriandre ou le persil, les piments forts et le vinaigre de vin rouge.

2. Assaisonner, couvrir et laisser macérer au réfrigérateur au moins 3 heures.

Les sauces émulsionnées chaudes et leurs principales sauces dérivées

Ces sauces sont relativement simples à préparer et demandent peu de temps de cuisson. Elles sont donc cuisinées à la dernière minute. Elles offrent une consistance voluptueuse et légère et se servent surtout avec les poissons.

La sauce hollandaise, une des deux sauces mères, se prépare avec des jaunes d'œufs, un peu d'eau et du jus de citron ou du vinaigre de vin. Le secret de cette sauce réside dans la capacité à maintenir une chaleur égale sur une cuisinière ou au bain-marie, car un feu trop chaud ou une eau bouillante au bain-marie ferait tourner les jaunes d'œufs. On la complète souvent avec des fines herbes. Elle donne naissance notamment aux sauces mousselines.

La sauce béarnaise se prépare quant à elle à partir d'une réduction de vinaigre et de vin blanc à laquelle on ajoute des jaunes d'œufs, de l'échalote et des fines herbes. Elle est ensuite liée au beurre. Ses principales sauces dérivées sont de grands classiques comme les sauces Foyot, Choron et à la truffe.

On ne peut clore ce volet sans parler des sauces au beurre. On prépare ces sauces riches et onctueuses en incorporant par petites parcelles le beurre froid, qui doit constamment être tourné dans une sauce au préalable bouillante. Les sauces dérivées principales sont entre autres la genevoise, la poulette et la bourguignonne.

SAUCE HOLLANDAISE

2 À 4 PORTIONS

2	jaunes d'œufs	2
15 ml	vinaigre de vin blanc	1 c. à table
	sel, poivre	
125 g	beurre, clarifié	1/4 lb
5 ml	jus de citron	1 c. à thé

1. Déposer la casserole sur feu très doux et y incorporer au fouet les jaunes d'œufs et le vinaigre de vin. Saler, poivrer.

2. En augmentant légèrement la chaleur, continuer de fouetter le mélange jusqu'à une consistance plus ferme, comme celle d'une mayonnaise.

3. Retirer la casserole du feu une fois la sauce épaissie et incorporer le beurre clarifié en filet, tout en continuant de fouetter. La sauce doit toujours garder une consistance assez épaisse.

4. Ajouter quelques gouttes de jus de citron.

Conseils: Vous pouvez faire la sauce hollandaise en faisant réduire le vinaigre de vin, le sel et le poivre avant d'ajouter les jaunes d'œufs sur la réduction tiède. Si vous utilisez un bain-marie, veillez à contrôler la chaleur de l'eau car, trop bouillante, elle ferait tourner les jaunes d'œufs. En ce cas, ajouter au mélange 1 c. à table d'eau et 1 c. à table de la sauce qui a tourné. Bien mélanger au fouet.

Suggestions: La sauce hollandaise accompagne les poissons ou les légumes verts cuits.

SAUCE MOUSSELINE

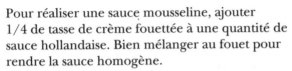

Pour réaliser une sauce mousseline, ajouter
1/4 de tasse de crème fouettée à une quantité de
sauce hollandaise. Bien mélanger au fouet pour
rendre la sauce homogène.

Vous pouvez réaliser une sauce mousseline plus
légère en battant en neige 2 blancs d'œufs que
vous incorporez au fouet à une quantité de
sauce hollandaise.

Suggestions : La sauce mousseline accompagne les
asperges et autres légumes verts cuits à la vapeur, les
poissons pochés et la volaille.

SAUCE AUX HERBES

4 PORTIONS

1	portion de sauce hollandaise	1
60 ml	ciboulette fraîche, hachée fin	4 c. à table
60 ml	cerfeuil frais, haché fin	4 c. à table
60 ml	basilic frais, haché	4 c. à table
	sel, poivre	

1. Laver et bien égoutter les herbes. Les tailler
   finement et les incorporer à la sauce hollandaise.
   Bien mélanger au fouet pour rendre le tout
   homogène.

2. Saler et poivrer au goût. Décorer le plat avec
   quelques fines herbes fraîches.

Suggestions : Cette sauce peut être servie sur des
œufs pochés, du poisson ou de la volaille.

SAUCE BÉARNAISE*

4 PORTIONS

30 ml	vinaigre à l'estragon ou vinaigre de vin blanc	2 c. à table
15 ml	vin blanc sec	1 c. à table
15 ml	échalote, émincée	1 c. à table
30 ml	estragon frais, haché	2 c. à table
15 ml	cerfeuil frais, haché	1 c. à table
	poivre	
2	jaunes d'œufs	2
15 ml	eau	1 c. à table
125 g	beurre, clarifié	1/4 lb

1. Sur feu moyen, faire réduire presque tout le mélange vinaigre, vin blanc, échalote émincée, estragon et cerfeuil. Poivrer.

2. Une fois le mélange réduit, le retirer du feu pour le refroidir avant d'ajouter les jaunes d'œufs et l'eau. Brasser au fouet.

3. Remettre la casserole sur feu doux et continuer la cuisson tout en brassant régulièrement avec un fouet.

4. Quand la sauce épaissit, la retirer de nouveau du feu et incorporer en filet, toujours avec le fouet, le beurre clarifié. Bien brasser.

5. Passer la sauce au tamis fin une fois qu'elle a une bonne consistance, comme celle d'une sauce hollandaise. Avant de servir, saupoudrer de fines herbes.

Conseil : Pour éclaircir une sauce émulsionnée, il suffit d'ajouter un peu d'eau aux jaunes d'œufs.

Suggestions : La sauce béarnaise accompagne généralement les pièces de viande rouge grillées.

* Cette quantité équivaut à 1 portion de sauce béarnaise pour les autres recettes

SAUCE CHORON

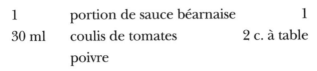

4 PORTIONS

1	portion de sauce béarnaise	1
30 ml	coulis de tomates	2 c. à table
	poivre	

1. Incorporer à une portion de sauce béarnaise le coulis de tomates. Bien brasser pour obtenir une sauce lisse et homogène. Poivrer.

Conseil : Si vous n'avez pas sous la main de coulis de tomates, vous pouvez utiliser de la purée de tomates, sinon des tomates en conserve, en dés, que vous aurez au préalable passées au tamis fin afin de les mettre en purée.

Suggestions : La sauce Choron accompagne les pièces de viande rouge grillées ou peut servir de sauce pour la fondue bourguignonne.

SAUCE FOYOT

4 PORTIONS

1	portion de sauce béarnaise	1
30 ml	demi-glace de veau	2 c. à table
	poivre	

1. Incorporer en remuant la demi-glace de veau à une portion de sauce béarnaise. Bien brasser pour rendre la sauce homogène. Poivrer au goût.

Suggestions : La sauce Foyot accompagne les viandes de bœuf et de veau grillées.

SAUCE MALTAISE

2 À 4 PORTIONS

1	portion de sauce hollandaise	1
10 ml	jus d'orange	2 c. à thé
	zeste d'orange	
	sel, poivre	

1. Verser le jus d'orange dans la sauce hollandaise. Bien brasser avec un fouet pour que le jus s'intègre à la sauce.
2. Terminer avec le zeste. Assaisonner.

Suggestions : Servir cette sauce sur des asperges croquantes ou des fèves vertes. Elle convient aussi aux poissons à chair rosée, comme la truite ou le saumon grillés.

SAUCE À LA BIÈRE

4 PORTIONS

1	blanc de poireau, émincé	1
1	branche de céleri, émincée	1
1	oignon, émincé	1
250 ml	bière	1 tasse
180 ml	crème 35 %	3/4 tasse
	poivre en grains	
	thym frais	
	persil frais	
50 g	beurre	2 c. à table
	ciboulette, ciselée	

1. Dans une casserole sur feu doux, faire revenir dans du beurre le blanc de poireau, le céleri et l'oignon. Verser la bière et faire réduire presque entièrement le mélange.

2. Quand le mélange est suffisamment réduit, ajouter la crème, les grains de poivre, le thym et le persil frais et amener à ébullition en brassant jusqu'à ce que la sauce prenne une consistance épaisse.

3. Quand la sauce est prête, la passer au tamis fin pour enlever les morceaux de légumes et les grains de poivre. La remettre en casserole sur feu doux, puis ajouter le beurre en petits morceaux tout en remuant légèrement à l'aide d'un fouet. Saupoudrer de ciboulette.

Suggestions : Cette sauce blonde accompagne particulièrement bien les poissons grillés et les volailles. Elle rehausse aussi les légumes verts cuits à la vapeur.

$\mathcal{L}$es sauces froides

M oins nombreuses que les sauces chaudes, les sauces froides comprennent les mayonnaises et les vinaigrettes. Elles sont également classées dans les sauces émulsionnées de par leur mode de préparation.

$\mathcal{L}$es mayonnaises et leurs principales sauces dérivées

L a mayonnaise est une des deux sauces mères des sauces émulsionnées froides. De consistance plus ou moins ferme et de couleur pâle, elle se sert en général à part et accompagne salades ou légumes crus, crustacés et poulet froid.

Apicius savait préparer une sauce du genre. Dans la cuisine antique, l'usage de l'huile d'olive et des œufs était familier. On la connaît aujourd'hui sous le nom de mayonnaise à cause de la créativité culinaire du duc de Richelieu, fin gastronome et grand militaire sous le règne de Louis XV. La mayonnaise a même été la première des sauces mères a être baptisée et reconnue comme un élément essentiel de la grande cuisine. Le grand Carême, qui l'appelait « magnonaise » – du verbe *manier* lié à son mode de préparation –, l'a apprêtée en lui additionnant d'autres ingrédients pour la modifier, « à la russe » ou « à la provençale », et la servir principalement en entrée. Il avait une recette de mayonnaise à base de sauce béchamel, de beurre et de quelques gouttes de vinaigre à l'estragon auxquels il ajoutait de « l'huile d'Aix » et du jus de citron. Dans sa recette originale, outre l'huile et les jaunes d'œufs, Carême incorporait du vinaigre aromatisé et de l'aspic en gelée « en suffisante quantité afin de la rendre d'un goût appétissant et relevé ».

La recette reste à peu de chose près inchangée. Des jaunes d'œufs, de l'huile au goût neutre, du vinaigre ou du jus de citron et enfin de la moutarde sont en général utilisés pour la préparer. Pour réussir une bonne mayonnaise, il faut toujours s'assurer que tous les ingrédients soient à la température de la pièce, ce qui facilite l'émulsion. Les mayonnaises offrent de nombreuses possibilités et se conjuguent aux herbes ou aux condiments. Leurs sauces dérivées principales sont l'aïoli, la rémoulade, la tartare et la dijonnaise.

Les recettes de mayonnaise qui suivent sont faciles à préparer et font un tour d'horizon de toutes les possibilités qui s'offrent à vous quand vous préparez une mayonnaise. Nous vous proposons quelques recettes classiques de base, mayonnaise, aïoli, sauce tartare, etc., ainsi que d'autres, aux saveurs variées. Nous vous offrons également dans ce volet des recettes de trempettes, idéales pour grignoter ou à servir en entrée.

MAYONNAISE
*(RECETTE DE BASE)**

4 PORTIONS

2	jaunes d'œufs	2
250 ml	huile	1 tasse
30 g	moutarde	2 c. à table
15 ml	jus de citron, vinaigre de vin ou vinaigre blanc	1 c. à table
	sel, poivre	

1. Quand les ingrédients sont à la température de la pièce, mettre les jaunes d'œufs, la moutarde, le sel et le poivre dans un bol.

2. Au fouet, battre le mélange puis ajouter en filet l'huile.

3. Continuer de battre le mélange jusqu'à consistance assez ferme, puis ajouter le jus de citron ou le vinaigre.

4. Fouetter de nouveau de façon que tous les ingrédients soient intégrés. Ajuster l'assaisonnement.

Conseils : L'huile d'arachide est aussi recommandée pour la mayonnaise. Éviter l'huile d'olive en quantité complète. Certaines recettes requièrent du vinaigre de vin, mais vous pouvez aussi utiliser le vinaigre blanc. Pour ajouter une touche piquante, remplacez le vinaigre par le jus de citron.

* Cette quantité équivaut à une portion pour les autres recettes.

MAYONNAISE
DE GRAND-MÈRE JULIETTE

250 ML (1 TASSE)

200 ml	lait	7/8 tasse
1	œuf	
	(légèrement battu à la fourchette)	
30 g	beurre	1 c. à table
30 g	farine	2 c. à table
30 g	moutarde en poudre	2 c. à table
30 ml	vinaigre	2 c. à table
30 g	sucre	2 c. à table
	sel de céleri	
	sel, poivre	

1. Dans une casserole sur feu doux, faire chauffer le beurre, la farine et la moutarde.

2. Ajouter le lait en fouettant légèrement.

3. Quand le mélange épaissit, incorporer l'œuf battu. Mélanger jusqu'à consistance plus ferme.

4. Assaisonner, puis ajouter le vinaigre et le sucre tout en continuant de brasser pour obtenir un mélange uniforme.

Conseil : Cette mayonnaise savoureuse étant cuite, elle se conserve quelques jours au réfrigérateur.

Suggestions : Vous pouvez la servir avec le jambon ou pour assaisonner une salade.

MAYONNAISE À L'AIL

4 PORTIONS

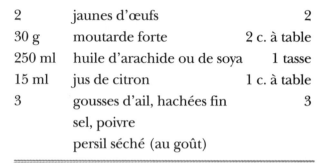

2	jaunes d'œufs	2
30 g	moutarde forte	2 c. à table
250 ml	huile d'arachide ou de soya	1 tasse
15 ml	jus de citron	1 c. à table
3	gousses d'ail, hachées fin	3
	sel, poivre	
	persil séché (au goût)	

1. Faire la mayonnaise.
2. Ajouter l'ail tout en brassant légèrement votre mayonnaise.
3. Ajuster l'assaisonnement de sel et poivre si désiré, puis compléter avec le persil séché.

Conseils: Avant de commencer votre mayonnaise, vous pouvez frotter les parois du bol avec une gousse d'ail pour lui donner un goût encore plus prononcé. Cette technique peut aussi s'utiliser dans la préparation d'une bonne salade verte d'été, que vous arroserez simplement d'un peu d'huile et de jus de citron. Il est possible de remplacer l'ail par des échalotes hachées finement ou de l'oignon blanc.

Suggestions: Cette mayonnaise accompagne très bien les crevettes ou le crabe froids. Vous pouvez aussi vous en servir pour lier une salade.

MAYONNAISE AUX FINES HERBES

4 PORTIONS

1	portion de mayonnaise maison	1
	ciboulette, estragon,	
	persil frais, hachés très fin	
	sel, poivre	

1. Ajouter les fines herbes à la mayonnaise maison.

2. Ajuster l'assaisonnement de sel et poivre au besoin.

Conseil : Vous pouvez varier les fines herbes à votre goût. Veillez cependant à ne pas mêler ensemble des herbes aux saveurs très prononcées. Une seule d'entre elles doit avoir une saveur dominante et les autres la compléter. Si vous utilisez des fines herbes séchées, il faut en limiter la quantité.

Suggestion : Cette mayonnaise est délicieuse en entrée sur des salades composées.

> *Saviez-vous que le thym, tout comme le thé, est une herbe qui ne se mange pas ? Elle doit servir uniquement à parfumer un plat.*

TREMPETTE AU PERSIL

250 ml	mayonnaise maison	1 tasse
250 ml	yogourt nature	1 tasse
125 g	persil frais	1 tasse
30 g	oignon blanc, haché fin	2 c. à table
15 g	moutarde de Dijon	1 c. à table
1	gousse d'ail, émincée	1
5 ml	sel	1 c. à thé

1. Mettre dans un bol tous les ingrédients.
2. Brasser énergiquement pour bien homogénéiser.
3. Laisser refroidir 4 heures avant de servir.

TREMPETTE POUR LÉGUMES

125 ml	fromage en crème style « pimento »	1/2 tasse
125 ml	mayonnaise maison	1/2 tasse
60 ml	jambon, coupé fin	1/4 tasse
15 g	oignon blanc, haché fin	1 c. à table
	quelques gouttes de sauce Tabasco	
	persil frais, haché fin	

1. Mettre tous les ingrédients dans un bol et bien mélanger le tout.

Suggestion : Cette trempette se sert avec des légumes crus coupés en bâtonnets.

SAUCE TARTARE

250 ML (1 TASSE)

250 g	mayonnaise maison	2 tasses
30 g	cornichons sucrés, égouttés, hachés fin	2 c. à table
15 g	olives farcies, égouttées, hachées fin	1 c. à table
30 g	persil frais, haché fin	2 c. à table
15 à 30 g	ciboulette fraîche, hachée fin (facultatif)	2 c. à table

1. Préparez la mayonnaise en prenant soin de la rendre épaisse. Pour ce faire, ajouter l'huile très délicatement, goutte à goutte, pour obtenir la texture désirée.

2. Dans un bol, mettre les autres ingrédients, puis ajouter la mayonnaise. Brassez pour intégrer le tout.

Conseils : Vous pouvez aussi faire la sauce tartare en utilisant des jaunes d'œufs durs, que vous écrasez au pilon avant de verser l'huile et le vinaigre. Vous pouvez l'allonger en y versant quelques cuillerées de mayonnaise maison. Vous pouvez aussi remplacer les olives par des câpres. Attention de bien égoutter les condiments avant de les intégrer à la mayonnaise.

Suggestion : La sauce tartare est la meilleure compagne des poissons.

AÏOLI

4 ou 5	gousses d'ail	4 ou 5
1	jaune d'œuf	1
250 ml	huile d'olive	1 tasse
	jus d'un demi-citron	
15 g	pulpe de pomme de terre (facultatif)	1 c. à table
	sel, poivre	

1. Dans un bol, écraser avec une fourchette ou un petit pilon les gousses d'ail jusqu'à obtenir une pâte.

2. Ajouter le jaune d'œuf et bien brasser.

3. Ajouter en filet l'huile d'olive et monter le tout comme une mayonnaise, puis verser délicatement le jus de citron. Finir en ajoutant la pulpe de pomme de terre pour une consistance plus épaisse.

4. Saler et poivrer.

Conseil : Si l'aïoli est trop épais, vous pouvez l'éclaircir avec 1 c. à thé d'eau tiède après avoir versé la moitié de l'huile d'olive, puis une autre à la fin si nécessaire.

Suggestions : L'aïoli se sert surtout avec les poissons. Il peut aussi être servi en trempette avec des légumes crus.

GUACAMOLE

4 PORTIONS

1	tomate	1
2	avocats mûrs, en morceaux	2
	jus de 1 citron	
1/2	oignon	1/2
1	poivron rouge, paré et épépiné	1
5 ml	coriandre	1 c. à thé
	poivre, au goût	
	quelques gouttes de sauce Tabasco	

1. Couper la tomate en deux, retirer les graines en pressant légèrement avec les mains ; réserver.

2. Déposer l'avocat, la tomate, le jus de citron, l'oignon, le poivron, la coriandre, le poivre et la sauce Tabasco dans le bol du robot culinaire. Mélanger jusqu'à l'obtention d'une préparation homogène.

SAUCE POUR FONDUE BOURGUIGNONNE

8 PORTIONS

2	jaunes d'œufs	2
5 ml	moutarde sèche	1 c. à thé
10 ml	vinaigre	2 c. à thé
2	gousses d'ail	2
1	petit oignon, émincé	1
500 ml	huile	2 tasses
250 ml	persil frais, haché	1 tasse

1. Dans le bol du mélangeur, mettre les jaunes d'œufs, la moutarde, le vinaigre, l'ail et l'oignon. Battre quelques secondes.

2. Verser l'huile en filet tout en continuant de battre au mélangeur jusqu'à consistance onctueuse.

3. Ajouter le persil haché et bien mélanger.

Conseil : Cette sauce se conserve quelques jours au réfrigérateur. Elle doit être de consistance moins ferme qu'une mayonnaise.

Suggestions : Très goûteuse, cette sauce accompagne les viandes de bœuf ou de volaille utilisées pour les fondues, de préférence à la bourguignonne.

SAUCE POUR COCKTAIL DE CREVETTES

4 PORTIONS

250 ml	mayonnaise maison	1 tasse
15 ml	ketchup	1 c. à table
2	gousses d'ail, émincées	2
5 ml	sauce soya	1 c. à thé
	sel, poivre	

1. Mettre tous les ingrédients au mélangeur et brasser quelques secondes.
2. Réfrigérer et servir dans des petits bols avec des crevettes.

SAUCE AU WHISKY

6 PORTIONS

250 ml	mayonnaise maison	1 tasse
45 ml	ketchup	3 c. à table
15 ml	sauce chili	1 c. à table
5 ml	sauce Worcestershire	1 c. à thé
30 ml	whisky	2 c. à table
1 pincée	persil séché	1 pincée
	sel, poivre	

1. Dans un bol ou au mélangeur, mettre tous les ingrédients et bien brasser.

Suggestions : Cette trempette est délicieuse avec des légumes crus ou des biscottes. Elle peut aussi accompagner les fondues et les crustacés.

SAUCE POUR POISSON

6 PORTIONS

15 ml	miel liquide	1 c. à table
180 ml	mayonnaise maison	3/4 tasse
125 ml	yogourt nature	1/2 tasse
3	échalotes, émincées	3
10 ml	moutarde	2 c. à thé
125 ml	persil et aneth frais, émincés	1/2 tasse

1. Préparer la mayonnaise en ajoutant le miel aux jaunes d'œufs et à la moutarde.

2. Verser la mayonnaise maison dans un bol et ajouter le reste des ingrédients. Bien mélanger. Laisser reposer au frais avant de servir.

Suggestions: Cette sauce accompagne bien les crustacés froids, mais aussi le poisson fumé ou grillé.

SAUCE VERTE

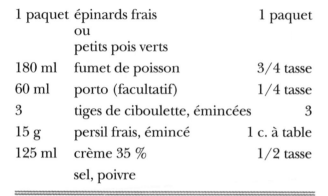

1 paquet	épinards frais	1 paquet
	ou	
	petits pois verts	
180 ml	fumet de poisson	3/4 tasse
60 ml	porto (facultatif)	1/4 tasse
3	tiges de ciboulette, émincées	3
15 g	persil frais, émincé	1 c. à table
125 ml	crème 35 %	1/2 tasse
	sel, poivre	

1. Faire cuire à l'eau légèrement salée les épinards ou les petits pois verts. Bien les égoutter.

2. Les mettre dans le bol du robot ou du mixeur avec le fumet, le porto, la ciboulette et le persil. Mélanger jusqu'à ce que tous les ingrédients forment un mélange homogène et lisse.

3. Dans une casserole, déposer le mélange au préalable passé au tamis fin puis verser la crème. Faire cuire à feu doux en brassant quelques minutes sans faire bouillir la sauce. Saler et poivrer.

Suggestion : Cette sauce de belle couleur égaie les repas composés de poisson poché ou grillé.

ROUILLE

4 PORTIONS

1	jaune d'œuf	1
1/2	pomme de terre cuite à la vapeur ou mie de pain (1 tranche)	1/2
2	piments forts	2
3	gousses d'ail	3
45 ml	huile d'olive	3 c. à table
30 ml	fumet de poisson	2 c. à table

1. Dans le bol du robot ou du mélangeur, mettre tous les ingrédients à l'exception de l'huile et du fumet de poisson.

2. En mélangeant lentement, ajouter en filet l'huile et le fumet de poisson en alternance.

Conseils : Vous pouvez ajouter à la rouille un peu de safran pour lui donner une couleur prononcée. Cet assaisonnement étant très concentré, il suffit d'une petite quantité pour accompagner un mets. La rouille peut aussi se préparer à la main. Mettre l'ail et le piment fort dans un bol et bien écraser pour obtenir une purée. Ajouter la pomme de terre ou la mie de pain légèrement trempée dans le fumet. Continuer à brasser et ajouter le jaune d'œuf et l'huile en filet, puis le fumet. Saler, poivrer.

Suggestions : La rouille est le complément idéal de la bouillabaisse. Vous pouvez aussi la servir avec du poisson grillé.

Les vinaigrettes et leurs principales sauces dérivées

Composées d'huile ou d'autres matières grasses comme la crème, et de vinaigre, ou de tout autre liquide plutôt acide comme le jus de citron, les vinaigrettes sont les deuxièmes sauces mères des sauces émulsionnées froides. C'est quand on y ajoute un troisième élément, le plus souvent de la moutarde, que le mélange de base huile et vinaigre se stabilise. Les vinaigrettes peuvent varier à l'infini avec l'usage de fines herbes, d'épices, de crème, de yogourt, de cornichons, de câpres ou d'autres condiments. Elles se servent en général sur des légumes et peuvent aussi se déguster tièdes sur des viandes froides, des crudités et des salades.

Reconnue comme une spécialité culinaire bien française, la vinaigrette existe depuis des siècles, voire des millénaires. Déjà à Byzance, on utilisait de la moutarde pour lier une vinaigrette composée d'huile d'olive et de vinaigre. Chez les Romains, on jetait en gouttes un peu d'huile et du vinaigre, quelquefois quelques larmes de *garum*, sur la salade avant de la servir et de la déguster. Au Moyen Âge, parce que l'on mangeait peu de légumes, la salade était un mets de choix et se servait avec une sauce chaude. Ce n'est qu'au XVe siècle que la vinaigrette reviendra sur les tables, apprêtées comme dans l'Antiquité. Mets préféré du Roi-Soleil, la salade se devait d'être composée des meilleures verdures du potager royal. Bien lavées, à l'eau salée pour les rendre plus croquantes, les feuilles de salade étaient ensuite délicatement égouttées. Dans un saladier, on versait l'huile et le vinaigre en y ajoutant la moutarde et les herbes pour la lier. Puis on y plaçait la verdure. Le roi se servait le dernier, dit-on, pour déguster pleinement les saveurs et la finesse de la vinaigrette.

Le vinaigre s'utilise fréquemment et se présente sous différents types, mais ce sont les vinaigres de vin blanc et rouge qui sont les plus populaires. Le vinaigre de vin blanc, par sa saveur délicate, convient à merveille à de nombreuses vinaigrettes et marinades. Son goût raffiné relève les salades et s'harmonise bien avec les viandes blanches. Il entre dans la composition des sauces hollandaise et béarnaise et il est souvent utilisé pour déglacer. Le vinaigre de vin rouge, plus corsé, ravive les mélanges de légumes plus fades et entre souvent dans la composition de sauces accompagnant les viandes grillées.

Les vinaigres de xérès et de cidre sont plus rarement utilisés, mais ils peuvent apparaître quelquefois dans les recettes ainsi que le vinaigre balsamique.

Ce dernier, grand cru de la famille des vinaigres, provient d'Italie. Il a une robe foncée et un goût plutôt acidulé typique de sa longue fermentation. Il est le produit du mûrissement prolongé d'un type particulier de raisin blanc sucré. Les vinaigres balsamiques que l'on trouve sur les tablettes de nos épiceries proviennent d'un vieillissement de tout au plus 5 à 8 ans, mais il existe des vinaigres balsamiques mûris jusqu'à 40 ans ! À noter enfin que le vinaigre balsamique n'est jamais utilisé dans une recette à cuisson prolongée.

Comme pour les huiles, les vinaigres aromatiques peuvent se fabriquer à la maison. Par exemple, on ajoute de l'estragon frais ou un mélange de fines herbes à du vinaigre de vin blanc que l'on fait chauffer. Une fois le mélange refroidi et mis en bouteille, on laisse le tout macérer plusieurs semaines.

On trouve aussi une excellente variété de vinaigres aromatisés dans les marchés et les épiceries fines.

Le secret de la vinaigrette repose sur le type d'huile utilisé. Les huiles végétales sont très nombreuses et riches de couleurs et de goûts. L'huile d'olive par exemple possède un goût particulier et une robe distincte, qu'elle provienne de Grèce, d'Italie ou d'Espagne.

Il existe aussi une grande variété d'huiles aromatisées. Pour les faire à la maison, il suffit d'ajouter à une huile d'olive de première qualité des fines herbes fraîches et de laisser macérer le

mélange, dans un endroit sec, peu éclairé et frais, de trois à quatre semaines. Vous pouvez ainsi fabriquer votre huile à l'estragon, à la sarriette, à la ciboulette, etc. De même pour les huiles épicées, pour lesquelles vous variez les mélanges de coriandre, piment, cari, paprika, poivre blanc, noir et rose (en grains), mis à macérer dans une huile d'arachide ou de tournesol.

Il est recommandé de couper avec des huiles et vinaigres plus neutres les huiles et vinaigres aromatisés entrant dans la composition d'une vinaigrette.

Les sauces principales dérivées de la vinaigrette sont notamment la ravigote et la gribiche.

Tout comme les vinaigrettes, les beurres aromatisés, aussi appelés beurres composés, servent à rehausser en couleurs et en saveurs des légumes, généralement cuits, comme les pommes de terre et les asperges, aussi bien que les viandes grillées, les poissons et les pâtes. Ils sont utilisés également pour tartiner le pain à sandwich ou le pain baguette grillé et composent de nombreux hors-d'œuvre, canapés et entrées. Ils sont faciles à préparer et se conservent quelques jours au réfrigérateur, dans du papier aluminium ou dans un récipient de grès. Vous pouvez les garder plus longtemps au congélateur.

Les beurres aromatisés sont réalisés à partir d'ingrédients crus ou cuits – réduits en purée et refroidis – qui sont ensuite incorporés à la main au beurre froid ou chaud. Pour préparer un beurre froid, il est préférable de le défaire d'abord en crème avec une spatule en bois afin de mieux incorporer les ingrédients désirés. Lorsque les ingrédients aromatiques sont incorporés à un beurre chaud, celui-ci est préalablement chauffé au bain-marie et clarifié pour une texture onctueuse.

Le plus connu des beurres composés est sans conteste le beurre à l'ail. Il sert de base à de nombreux plats de poisson et de fruits de mer tels les langoustines, les homards, les escargots, etc., et peut aussi se déguster simplement sur du pain, en entrée. Il se prépare en un tournemain, comme les beurres aromatisés aux fines herbes – persil, cresson et cerfeuil notamment. Ces beurres composés rehaussent avec originalité les plats de pâtes.

Les beurres aromatisés sont une agréable alternative aux vinaigrettes et se préparent souvent avec les mêmes ingrédients : moutarde, citron, orange, amandes, échalote, crevettes, anchois sont autant de produits qui entrent dans leur composition et ils s'harmonisent très bien avec de nombreux mets. Les beurres composés servent aussi à compléter une sauce, ce qui la rend encore plus savoureuse.

Vous trouverez dans les prochaines pages quelques recettes de vinaigrettes faciles à exécuter ainsi que des recettes de beurres aromatisés pour accompagner salades, légumes, viandes froides et chaudes, pâtes, etc. Exotiques ou classiques, les recettes que nous vous proposons offrent un éventail de saveurs et elles vous permettront de varier la présentation de vos repas.

VINAIGRETTE
(RECETTE DE BASE)

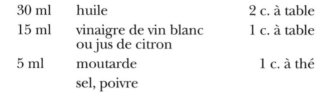

30 ml	huile	2 c. à table
15 ml	vinaigre de vin blanc ou jus de citron	1 c. à table
5 ml	moutarde	1 c. à thé
	sel, poivre	

1. Faire dissoudre le sel dans le vinaigre et ajouter la moutarde et l'huile en brassant au fouet.

2. Poivrer au goût

Conseil : Le jus d'orange utilisé à la place du vinaigre ou du jus de citron donne une vinaigrette savoureuse idéale pour les légumes d'été.

> *Une vinaigrette se compose d'un tiers de vinaigre ou autre liquide acide pour deux tiers d'huile ou de matière grasse.*

VINAIGRETTE POUR CŒURS D'ARTICHAUT

35 ml	huile de tournesol	3 c. à table
15 ml	vinaigre de vin blanc	1 c. à table
5 ml	moutarde en poudre	1 c. à thé
1	jaune d'œuf	1
	persil et fines herbes frais, émincés	
	sel, poivre	
	jus de citron (quelques gouttes)	

1. Mettre tous les ingrédients sauf les assaisonnements dans un bol et mélanger à la fourchette.

2. Saler, poivrer et ajouter le jus de citron.

SAUCE RAVIGOTE

2 PORTIONS

30 ml	huile	2 c. à table
15 ml	vinaigre de vin blanc	1 c. à table
5 ml	câpres	1 c. à thé
5 ml	oignon, émincé	1 c. à thé
	fines herbes fraîches, ciselées	
	sel, poivre	

1. Faire une vinaigrette avec l'huile et le vinaigre, puis ajouter les câpres et l'oignon.

2. Ajouter les fines herbes au mélange. Saler et poivrer.

Conseil : Les fines herbes les plus utilisées sont le persil, la ciboulette, le cerfeuil et l'estragon. Vous pouvez les varier à votre goût, en ajoutant par exemple du romarin ou du basilic.

> *Le concombre était un légume populaire dans la cuisine amérindienne à l'arrivée des colons français. Il avait été apporté par les conquistadors espagnols, en Amérique du Sud, un siècle auparavant.*

SAUCE AUX OLIVES NOIRES

4 PORTIONS

60 g	olives noires, dénoyautées	1/2 tasse
15 ml	vinaigre de vin blanc ou jus de citron	1 c. à table
30 ml	persil frais, haché	2 c. à table
15 ml	estragon frais, haché	1 c. à table
250 ml	huile d'olive	1 tasse
	poivre	

1. Dans le bol du mélangeur, mettre les olives noires, le vinaigre de vin, le persil et l'estragon. Bien mélanger tous les éléments pour obtenir une purée.

2. En laissant tourner lentement le mélangeur, incorporer l'huile en filet. Poivrer. Laisser reposer la sauce quelques heures avant de la servir.

Suggestion : Cette sauce plutôt consistante accompagne bien les salades composées.

À Londres, durant la Révolution, un émigré français a fait fortune en allant tous les soirs au domicile de riches Londoniens préparer leurs vinaigrettes à salades.

VINAIGRETTE AIGRE-DOUCE

2 PORTIONS

60 ml	huile de soya	4 c. à table
15 ml	vinaigre blanc	1 c. à table
1	gousse d'ail, émincée	1
15 ml	cassonade	1 c. à thé

1. Mettre tous les ingrédients dans un bol et bien mélanger. Laisser reposer avant de servir.

Suggestions : Cette vinaigrette accompagne les entrées composées de fruits et de salades et peut aussi accompagner des sautés de bœuf ou de poulet à la mode asiatique.

> *D'origine latine, le mot salade veut dire « mets salé »,
> en relation avec la saumure qu'utilisaient les Romains
> pour garder frais les légumes.*

SAUCE GRIBICHE

4 PORTIONS

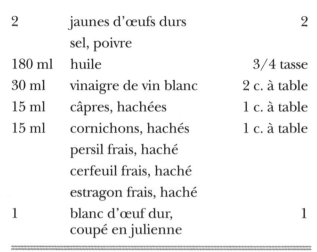

2	jaunes d'œufs durs	2
	sel, poivre	
180 ml	huile	3/4 tasse
30 ml	vinaigre de vin blanc	2 c. à table
15 ml	câpres, hachées	1 c. à table
15 ml	cornichons, hachés	1 c. à table
	persil frais, haché	
	cerfeuil frais, haché	
	estragon frais, haché	
1	blanc d'œuf dur, coupé en julienne	1

1. Écraser les jaunes d'œufs cuits dans un bol. Saler et poivrer.

2. Verser en filet l'huile et bien brasser le tout à la fourchette jusqu'à ce que le mélange ressemble à une mayonnaise.

3. Ajouter le vinaigre de vin blanc, les câpres et les cornichons. Bien brasser pour intégrer le tout.

4. Mettre les fines herbes et le blanc d'œuf cuit coupé en julienne.

Suggestions : La sauce gribiche peut servir de trempette pour les crevettes en hors-d'œuvre ou les légumes crus. Elle accompagne aussi le poisson poché ou grillé.

BEURRE AU POIVRE VERT
ET À LA MOUTARDE DE MEAUX

15 ml	échalote, hachée	1 c. à table
60 ml	vin blanc sec	1/4 tasse
125 ml	beurre ramolli ou margarine	1/2 tasse
30 ml	poivre vert en saumure	2 c. à table
30 ml	moutarde de Meaux	2 c. à table
15 ml	persil frais, haché	1 c. à table
	poivre noir fraîchement moulu, au goût	

1. Dans une casserole, réunir l'échalote et le vin blanc. Porter à ébullition et laisser réduire jusqu'à assèchement.

2. Dans un bol ou au robot culinaire, mélanger la préparation d'échalote, le beurre, le poivre vert, la moutarde, le persil et le poivre noir.

3. Déposer le beurre sur du papier film ou d'aluminium et façonner un rouleau. Réfrigérer jusqu'à utilisation.

Suggestions: Servir avec des viandes rouges, de l'agneau, du porc, du veau, de la volaille, des abats, des poissons ou des crustacés.

BEURRE DE POIVRON ROUGE ET DE MARJOLAINE

15 ml	échalote, hachée	1 c. à table
60 ml	poivron rouge, haché	1/4 tasse
60 ml	vin blanc sec	1/4 tasse
125 ml	beurre ramolli ou margarine	1/2 tasse
30 ml	marjolaine fraîche, hachée	2 c. à table
	poivre noir fraîchement moulu, au goût	

1. Dans une casserole, réunir l'échalote, le poivron et le vin blanc. Porter à ébullition et laisser réduire jusqu'à assèchement.

2. Dans un bol ou au robot culinaire, mélanger la préparation d'échalote avec le beurre, la marjolaine et le poivre.

3. Déposer le beurre sur du papier film ou d'aluminium et façonner un rouleau. Réfrigérer jusqu'à utilisation.

Suggestions : Servir avec du porc, de l'agneau, du veau et des abats.

Un beurre blanc est une sauce faite d'une réduction de vinaigre de vin blanc et d'échalote à laquelle on ajoute au fouet des morceaux de beurre froid.

LES VINAIGRETTES

BEURRE D'ÉCHALOTE AU VIN ROUGE

125 ml	vin rouge sec ou vin rouge non alcoolisé	1/2 tasse
30 ml	échalote, hachée	2 c. à table
125 ml	beurre ramolli ou margarine	1/2 tasse
	poivre noir fraîchement moulu, au goût	

1. Dans une casserole, réunir le vin rouge et l'échalote. Porter à ébullition et laisser réduire jusqu'à assèchement.

2. Dans un petit bol ou au robot culinaire, mélanger la préparation d'échalote avec le beurre et le poivre.

3. Déposer le beurre sur du papier film ou d'aluminium et façonner un rouleau. Réfrigérer jusqu'à utilisation.

LES SAUCES

*L*es
sauces desserts

es sauces desserts sont en général préparées avec du chocolat, de la crème, du beurre, des coulis de fruits, du sucre ou du miel pour les sauces de type caramel. Elles viennent compléter agréablement un dessert simple, qui en devient plus raffiné. Elles peuvent être chaudes ou froides, et demandent peu de temps de préparation. Elles s'aromatisent souvent de liqueurs, auxquelles peuvent se joindre de la menthe, de la vanille, de la cannelle, etc.

La plus connue des sauces desserts est sans doute la crème anglaise, qui se compose de jaunes d'œufs, de sucre, de lait et de vanille.

Les sauces au chocolat, toujours très en demande, doivent quant à elles être apprêtées avec du chocolat de bonne qualité afin de leur assurer une plus belle texture.

Pour ce qui est des coulis de fruits, les plus populaires sont faits avec des framboises, des fraises, des pêches, des mangues, des abricots, des pommes ou des agrumes. Vous pouvez en saison utiliser des fruits frais, mais les coulis sont aussi délicieux préparés avec des fruits congelés.

Les alcools utilisés pour parfumer une sauce dessert sont le plus souvent pris au rayon des liqueurs : Grand Marnier, Cointreau, Amaretto, armagnac, kirsch, etc. Quelques gouttes suffisent pour transformer un simple coulis ou une crème en une sauce exquise et raffinée.

Pour sucrer les sauces, le miel et le sirop d'érable jouent un rôle essentiel dans la plupart des meilleures sauces desserts.

Voici quelques recettes à la fois simples à préparer et délicieuses qui viendront compléter agréablement vos gâteaux, tartes, glaces, etc.

CRÈME ANGLAISE

250 ML (1 TASSE)

2	jaunes d'œufs	2
50 g	sucre	3 c. à table
250 ml	lait	1 tasse
	essence (vanille ou amande)	

1. Verser quelques gouttes d'essence dans le lait, ajouter les deux tiers du sucre et faire bouillir le mélange.

2. Dans une casserole, fouetter les jaunes d'œufs avec le restant du sucre et ajouter le lait bouilli en brassant continuellement.

3. Chauffer le mélange jusqu'à ce que la crème prenne une consistance épaisse tout en le remuant pour qu'il ne colle pas au fond de la casserole.

Conseil : La crème anglaise peut être parfumée avec du chocolat fondu ou du café au lieu de l'essence.

Suggestions : Elle accompagne de nombreux gâteaux ou peut se déguster avec toute autre pâtisserie et même des fruits frais.

> *C'est Soliman Aga, un riche marchand turc, qui a donné à boire pour la première fois une tasse de café à un explorateur hollandais, vers 1660. Depuis, le café est devenu l'une des boissons favorites des Européens.*

SAUCE AU CITRON

4 PORTIONS

100 g	sucre	1/4 tasse
15 g	fécule de maïs	1 c. à table
250 ml	eau bouillante	1 tasse
45 ml	jus de citron	3 c. à table
	zeste de citron	
30 g	beurre	1 c. à table
	muscade, râpée	

1. Dans un bain-marie, sur feu moyen, mélanger le sucre, la fécule de maïs et l'eau et faire cuire le tout jusqu'à épaississement.

2. Hors du feu, ajouter le jus et le zeste de citron puis le beurre en brassant bien pour rendre la sauce onctueuse. Saupoudrer de muscade.

SAUCE CARAMEL

6 PORTIONS

125 g	beurre	1/4 lb
250 g	cassonade	2 tasses
250 ml	sirop de maïs	1 tasse
250 ml	lait condensé	1 tasse
	essence de vanille	

1. Dans une casserole, mélanger le beurre, la casso-nade et le sirop de maïs. Amener le tout à ébullition et laisser cuire quelques secondes.

2. Retirer du feu et brasser vigoureusement pour tiédir la sauce. Ajouter ensuite le lait condensé et la vanille.

Suggestions : Cette sauce caramel accompagne bien les gâteaux blancs et les glaces. Elle est aussi déli-cieuse sur les bananes et les pommes.

SAUCE AU CHOCOLAT ET À LA MENTHE

4 PORTIONS

200 g	chocolat noir	7 oz
125 ml	sirop de maïs	1/2 tasse
125 ml	eau bouillante	1/2 tasse
50 g	beurre	3 c. à table
5 ml	essence de vanille	1 c. à thé
5 ml	essence de menthe	1 c. à thé
	menthe fraîche	

1. Faire fondre d'abord le chocolat sur feu doux au bain-marie.
2. À feu moyen, ajouter ensuite le sirop de maïs et l'eau. Brasser et faire cuire jusqu'à épaississement.
3. Hors du feu, incorporer en brassant le beurre et les essences de vanille et de menthe.

Conseil : Verser la sauce sur un dessert et décorer avec les feuilles de menthe.

Suggestion : Les sauces au chocolat conviennent particulièrement aux glaces.

> *Le chocolat résulte du mélange de graines de cacao grillées, de cannelle et de sucre. Il a été apporté en Europe par les Espagnols à la fin du XVIIe siècle.*

BEURRE DE CANNELLE

4 PORTIONS

50 g	beurre	3 c. à table
125 g	sucre à glacer	1/2 tasse
5 ml	cannelle en poudre	1 c. à thé

1. Défaire le beurre en crème à l'aide d'une fourchette et ajouter graduellement le sucre à glacer et la cannelle. Mélanger bien le tout.

2. Découper le beurre en petits carrés et réfrigérer. Avant de servir, chauffer le beurre ou le laisser fondre sur les desserts chauds.

Conseils : Les beurres aromatisés sont simples à préparer. Vous pouvez les parfumer aussi avec des jus de citron ou d'orange au lieu de la cannelle. Pour les réchauffer, utilisez de préférence un bain-marie.

Suggestions : Ce beurre est délicieux sur des crêpes, des gaufres ou du pain doré.

BEURRE DE NOUGAT

4 PORTIONS

125 g	beurre	1/4 lb
250 g	sucre à glacer	1 tasse
5 ml	jus de citron	1 c. thé
	essence de vanille	
	cannelle en poudre	

1. Défaire le beurre en crème et ajouter le sucre à glacer, le jus de citron, quelques gouttes d'essence de vanille et la cannelle en poudre, au goût.

2. Bien mêler le tout et réfrigérer.

Suggestion : À servir sur un dessert chaud.

SAUCE À L'ÉRABLE ET AUX NOIX

6 PORTIONS

250 ml	sirop d'érable	1 tasse
125 ml	crème 35 %	1/2 tasse
15 ml	café moulu espresso	1 c. à table
125 g	noix, hachées	1/2 tasse

1. Dans une casserole, amener le sirop d'érable à ébullition. Ajouter la crème et le café en brassant et cuire à petits bouillons quelques minutes.

2. Hors du feu, continuer à brasser vigoureusement le mélange jusqu'à ce que la sauce devienne onctueuse. Incorporer les noix hachées.

Suggestions : Cette sauce accompagne bien les glaces, mais aussi les tartes.

SAUCE AU CHOCOLAT VITE FAITE

4 PORTIONS

60 g	cacao en poudre	1/2 tasse
375 ml	eau	1 1/2 tasse
125 g	sucre	1 tasse
30 g	beurre	1 c. à table
	cognac (facultatif)	

1. Mettre tous les ingrédients, sauf le beurre, dans une casserole et chauffer sur feu moyen jusqu'au point d'ébullition.

2. Faire cuire la sauce doucement jusqu'à ce qu'elle prenne consistance, mais sans la faire bouillir.

3. Incorporer le beurre en fouettant.

4. Hors du feu, verser quelques gouttes de cognac ou d'un autre alcool à votre choix. Brasser énergiquement pour homogénéiser la sauce.

Conseils: Pour une sauce au chocolat plus riche, remplacer l'eau par du lait et de la crème et le cacao par du véritable chocolat noir que vous ferez fondre au bain-marie additionné d'une noix de beurre. Une fois que le mélange est fondu, retirer du feu et allonger le tout à la crème fraîche.

Pour réchauffer une sauce au chocolat, il est préférable de le faire au bain-marie.

Suggestions: Cette sauce est délicieuse avec les glaces, mais aussi avec tout autre dessert aux fruits.

SAUCE MOUSSELINE POUR DESSERT

4 PORTIONS

50 g	beurre	2 c. à table
125 g	sucre	1/2 tasse
2	jaunes d'œufs	2
15 ml	crème	1 c. à table
15 ml	jus de citron	1 c. à table
5 ml	essence de vanille	1 c. à thé
2	blancs d'œufs	2

1. Défaire le beurre en crème en y ajoutant graduellement le sucre.

2. Ajouter les jaunes d'œufs et la crème et cuire la sauce au bain-marie en brassant légèrement au fouet jusqu'à ce que le mélange épaississe.

3. Verser le jus de citron et l'essence de vanille et continuer de brasser.

4. Monter les blancs d'œufs en neige et les incorporer à la sauce juste au moment de servir.

COULIS D'AGRUMES

2 PORTIONS

2	oranges, pelées à vif	2
1	pamplemousse, pelé à vif	1
1	citron, pelé à vif	1
30 ml	vinaigre blanc	2 c. à table
60 ml	crème 35 %	1/4 tasse

1. Cuire les agrumes à feu moyen, dans une petite casserole avec le vinaigre environ 10 minutes. Passer au robot culinaire ; réserver.

2. Dans la même casserole, faire réduire la crème de moitié. Incorporer la purée d'agrumes. Cuire 5 minutes à feu doux.

CRÈME DE MANGUE

2 PORTIONS

1	mangue, pelée et dénoyautée	1
	jus de 1/2 orange	
	jus de 1 citron	
175 ml	yogourt nature	3/4 tasse

1. Dans le bol du robot culinaire, réunir la pulpe de la mangue, le jus d'orange, le jus de citron et réduire en purée.
2. Incorporer le yogourt et bien mélanger.

SAUCE AUX FRAMBOISES

250 ml	framboises surgelées dans le sirop	1 tasse
60 ml	jus de pomme	1/4 tasse
10 ml	jus de citron	2 c. à thé
30 ml	sucre	2 c. à table

1. Dans une petite casserole, faire chauffer tous les ingrédients 5 minutes.
2. Passer le coulis au robot culinaire ou au mélangeur à main, puis au tamis.

Index